阅读 的艺术

〔澳〕戴蒙·扬——著

张毛毛————译

Damon Young

后浪

ISBN

978-7-201-16372-7

天津出版传媒集团

天津人民出版社

一本书只是众多事物中的一物，

是充斥这冷漠世界的浩繁卷帙中的一册，

直到它遇到了它的读者，找到明白它象征含义的人。

——豪尔赫·路易斯·博尔赫斯，《私人藏书》前言

目　录

献给我的父母，

他们念书给我听，让我开始接触阅读。

随后不再念给我听。

图书在版编目（CIP）数据

阅读的艺术 /（澳）戴蒙·扬著；张毛毛译. 一天
津: 天津人民出版社，2020.12
　　书名原文: THE ART OF READING
　　ISBN 978-7-201-16372-7

　　Ⅰ.①阅… Ⅱ.①戴…②张… Ⅲ.①读书方法
Ⅳ.①G792

中国版本图书馆CIP数据核字（2020）第155974号

Text Copyright © Damon Young, 2016
Published in agreement with Zeitgeist Media Group Literary Agency, through The Grayhawk
Agency

本书中文简体版由银杏树下（北京）图书有限责任公司版权引进。
著作权合同登记号：图字02-2020-204号

阅读的艺术
YUEDU DE YISHU

[澳]戴蒙·扬 著；张毛毛 译

出　　版	天津人民出版社	出 版 人	刘　庆
地　　址	天津市和平区西康路35号康岳大厦	邮政编码	300051
邮购电话	（022）23332469	电子信箱	reader@tjrmcbs.com
出版统筹	吴兴元	编辑统筹	王　顿
责任编辑	王小凤	特约编辑	杨　洋　邓诗漫　金晓芸
营销推广	ONEBOOK	装帧制造	墨白空间·Yichen
印　　刷	北京盛通印刷股份有限公司印刷	经　　销	新华书店经销
开　　本	889毫米×1194毫米　1/32	印　　张	6.75
字　　数	116千字		
版次印次	2020年12月第1版　2020年12月第1次印刷		
定　　价	39.80 元		

自由的记载

    我的右手边是一个沾有污渍的松木小书柜，它承载了我的童年。

    那堆封面是不显眼的深紫色和卡其色的硬皮书大都是《伊索寓言》（Aesop's Fables）之类的经典，对四岁的孩子来说充满了生硬的格言："做好战争准备是和平的最好保证。"不远处是理查德·伯顿（Richard Burton）翻译的《一千零一夜》（The Book of the Thousand and One Nights），一本正经地讲述一些羞羞的事（"他把手放在了她的左腋下，然后开始交合"）。时隔七十年，我母亲的有关神话、冒险、身体惩罚的八开本《远方的魔法树》（The Magic Faraway Tree）还在被阅读，我还有她的《小熊维尼》（Winnie the Pooh），是她出生的那一年出版的。七十年后的今天，她的小孙子依然读着"屹耳[①]的日子"（"早安，维尼……如果这是个美好的早晨……我怀疑……"）。但对我来说最重要的是那本有着黑色皮面和烫金大字的《福尔摩斯经典案例》（*The Celebrated Cases of Sherlock Holmes*）。

福尔摩斯（Holmes）是我文学世界的启蒙。我很自豪小学时比同学的阅读量都大，柯南·道尔（Conan Doyle）的八百页大部头作品是我优越感的一个支柱。这有一定年头儿的版本让我觉得自己与众不同。我比其他十一岁的孩子更加聪明，因为我用的是严肃的衬线字体。我比老师更富于智勇，因为我读的是精装书。

夏洛克·福尔摩斯是神一样的存在，我希望长大后成为他那样的人。我们的共同特征罗列如下：社交上的鲁莽、情感上的游离以及病态的好奇心。在柯南·道尔的文章中这种虚拟人物比儿时不善待人接物的我更有特点。来看一下《四签名》（*The Sign of the Four*）的开头几句话："夏洛克·福尔摩斯从壁炉台的角上拿下一瓶药水，再从一只整洁的山羊皮皮匣里取出皮下注射器来。"我们的侦探是一个瘾君子，虽然方式优雅。〔我准备了一本字典，来查找"morocco（摩

---

① 屹耳（Eeyore），一只灰色小毛驴，小熊维尼系列作品中的角色，性格悲观、消沉和自卑。原文"has Eeyore days"可理解为心情低落的时候。——编者注

洛哥革)"和"panache(神气十足、羽饰)"这样的词。〕

然而《福尔摩斯经典案例》的虚构远比我的创作呈现的更多。我最终从柯南·道尔的奥秘中汲取的,不是机敏处事的才干,而是自由:独立思考的魅力。这个维多利亚时代的伦敦,在血雨腥风中,是"我的伦敦"。随着福尔摩斯把尖尖的针头推到底,按下小活塞,我跟着抽搐了,但是针头的样子和速度都是我自己想象出来的。华生(Watson)绅士般的英雄主义、莱斯特雷德(Lestrade)探长的平庸,所有的一切都属于那个静静地躺在绒面地毯上的小男孩。因此,福尔摩斯教给我的,不只是一部分的常识——三K党的标志、荒野的气氛、演绎法,更重要的是,学习运用自己的心智。在柯南·道尔的帮助下,我构建了这个奇怪的世界。比起有趣的大叔,作者更像是一个同谋。我们私下会面,将我从学校的乏味和家庭的暴力气氛中解放出来。

《福尔摩斯》不是我读的第一本书。我已经进入弗拉基米尔·纳博科夫(Vladimir Nabokov)在《说吧,记忆》(*Speak, Memory*)中提到的"乐土",在这里,"言语就是其本义"。在父母冷战时,我学会了阅读《高卢英雄历险记》。如果我想要理解双关和互斥,我必须自己解析文本。在我的床边,有一头狮子,它吞下蔬菜汤而不是兔子,还有抵御工业污染的恐龙,以及和平主义者公牛费迪南德(Ferdinand)。起初,阅读这些书是训练,后来则成了消遣。正如杰曼·格里尔（Germaine Greer）"如饥似渴地阅读"一样，我在字里行间忙得不亦乐乎，这是一种更接近贪婪而非好奇的冲动。这些欲望在《加菲猫》（*Garfield*）中集结起来，我同样贪婪地吞咽着意大利面，看着动画片。

不过，在《福尔摩斯经典案例》中，我对这一发现有了更深层的掌控感和愉悦感。一方面，我将福尔摩斯看作一位传奇历史英雄，我喜欢小说家迈克尔·沙邦（Michael Chabon）所说的事实和虚构的"快乐的困惑"。另一方面，我正在茁壮成长，有点躁动，而且越来越叛逆。我意识到这些纸上的黑色标记是我忽略或探究、强化或逃避的文字。同这个侦探一起，我第一次意识到自己是一个强大的角色：一个读者。

魔 法

三十年后，我的书架上的藏书穿插着这种富有想象力的独立发现。对于这些作者而言，书面文字倡导了一种新的自由：用更强的意识去思考、理解或感受。

我在十几岁时读过小说家威廉·吉布森（William Ford Gibson）的作品，目前他的书被搁置在伊恩·弗莱明（Ian Fleming）的青春期惊险小说和哈里·哈里森（Harry Harrison）的银河系列的讽刺小说之间的位置。同样受夏洛克·福尔摩斯的影响，吉布森把单调的近郊改成了维多利亚时代的英格兰，有时是一堵砖墙。吉布森在接受《巴黎评论》（The Paris Review）采访时说："我可以想象，四面八方都有无数类似的建筑，我置身于福尔摩斯时期的伦敦。"对吉布森来说，柯南·道尔的故事不仅仅是一种逃避或娱乐的方式，它们赋予他灵感。

土耳其小说家奥尔罕·帕慕克（Orhan Pamuk）在吉布森（Gibson）下面的两层书架上。他回忆到，阅读能使人从无聊的眼泪中解脱，从令人厌倦的现实中逃脱。在《别样的色彩》（Other Colours）中，这位小说家和我一样扬扬自得，认为自己"远比那些不读书的人更具深度"。这多少有些年少轻狂。但也是对这项任务的肯定：将黑白的文本转换成跃然纸上的场景。帕慕克写下了作为一名少年读者所享受到的"造物主的幸福"，将心思付诸文字。

后面两个位置是比帕慕克早一个世纪的美国小说家伊迪丝·华顿（Edith Wharton）。自从儿时进入到她父亲的藏书室，她找到了一个私密的避难所，并称它为"王国"。她在自传《回眸》（A Backward Glance）中写道："在我的内心有一个秘密的胜地，我不希望任何人闯入。"这不仅仅是逃离。受阿尔弗雷德·丁尼生（Alfred Tennyson）、亚历山大·蒲柏（Alexander Pope）和阿尔杰农·查尔斯·斯温伯恩（Algernon Charles Swinburne）的诗歌，约翰·罗斯金

（John Ruskin）的文学评论，与沃尔特·司各特（Walter Scott）的小说的影响，华顿创作的作品呈现出令人兴奋的新主题和节奏。她的阅读培养了她日渐形成的个性——她称之为"奇异内心世界的复杂旋律"。这位小说家认为，她的自我在那些泛黄的书页中变得更加完整了。

在华顿左边两英尺（大约 0.6 米）处是 18 世纪的哲学家让-雅克·卢梭（Jean-Jacques Rousseau），他曾与鳏夫父亲一起夜读浪漫小说。这些故事让他第一次意识到自己的想法。他在《忏悔录》（*The Confessions*）中写道："我在最初的阅读中与自我存在的完整意识约会。"重要的是不仅卢梭的情感被小说所鼓舞，而且他还把小说视为自己的一部分。尽管这位哲学家因自己爱好戏剧而遣责小说，他创作的情节剧还是主要基于自己小时候的经历。

卢梭下面的书架是现代哲学家让-保罗·萨特（Jean-Paul Sartre）的作品。在六楼的公寓里，他俯瞰巴黎，手中拿着祖父的书，发现了自己的文学能力。言语让这个男孩对自己有了一定的掌控力：他是个造物者，通过语言赋予世界生命。他写道："宇宙蔓延在我的脚下，一草一木都在谦卑地乞求一个名字。赋予它一个名字，就像是在创造它和接受它。"萨特还收集美国西部片和侦探漫画，相关的英雄漫画——孤胆英雄对抗世界——几十年后依然存在于他的哲学中。

在我的藏书室里，西蒙娜·德·波伏瓦（Simone de Beauvoir）紧挨着萨特，正如生活中是他的伴侣一样。她牢记书籍的可靠性，不仅是因为它们易受控制的资产阶级道德，而且是因为它们服从了"她"。"它们畅所欲言，不假装说其他事情"，波伏瓦在《闺中淑女》（*Memoirs of a Dutiful Daughter*）中写道，"我不在时，它们沉默了。"她意识到它们需要信念和艺术——来自西蒙娜，而不光是从作者那获取。德·波伏瓦称这是"将印刷的符号转化为故事的魔法"——如果没有读者，魔法就失灵了。

对文学魅力来说，并没有一个放之四海而皆准的解释。阅读与时代背景、家庭和心理的特征紧密相连。有些人，比如卢梭，找到了浪漫主义的推动力。其他人，比如萨特，发现了启蒙主义运动的优势。这里可能会存在伪装、自恋和怯懦的成分。（但对我来说已经足够了。）在许多情况下，这是一种渴望，哲学家赫伯特·马尔库塞（Herbert Marcuse）称之为"假日现实（holiday reality）"：逃避现实的庇护所。查尔斯·狄更斯（Charles Dickens）描述过其童年时代的渴望：渴望某种超越时空的事物。但正如狄更斯之后的受欢迎程度所表明的那样，年少时期的读书时光与影响力的发现相吻合。他从孩童时期就开始意识到，世界不仅充满了侦探、高卢人和公牛，还有一个"我"——读者，读者的信任和创造力唤醒了文学作品。因此，阅读能让人拥有更加强烈的欲望。

两种自由

让-保罗·萨特在《什么是文学？》（*What is Literature?*）中写道："只有为了别人，才有艺术；只有通过别人，才有艺术。"这位哲学家的观点并不是说作者无法享受为自己写作的乐趣。字句倾泻而下，为残暴的编辑和读者创作到手疼——正如亨利·詹姆斯（Henry James）在一封信中写到的："我将迟到的书稿倒入饥饿的腹中。"相反，萨特的观点则是，作者只是完成了一半的文本。如果没有读者，文本只是一股意识流，一些或明或暗的图形。

这并不意味着普通的生活是一种愚蠢的必需品。感觉对人类来说总是有一定意义的——我们是意义的产物，而宇宙从未被视为赤裸裸的事实。但文本世界并不能毫无障碍地描绘事物，暗示往往是含糊不清的。萨特在谈及日常感受时写道："模糊的意义隐含在其中，不管是轻盈的快乐还是淡淡的哀愁，或是保持逼近的姿态，或是像一片热雾在它周围颤动。"日常生活有一种朦胧的气氛，而语言则是明朗而犀利的。

这些字母通过指代自身之外的事物来实现这一点——我们通过文本阅读，而不是脱离它。萨特引用诗人保罗·瓦莱里（Paul Valéry）的说法："当词语像玻璃透过阳光一样透过我们的目光时，便有了散文。"词语是散文的材料，它们构建了现实，当我们细看时，它又变得不可见了。

　　并不是所有的文本都像萨特所说的理想散文那样通透。诗歌可以更加晦涩难懂。以谢默斯·希尼（Seamus Heaney）的《书柜》（"The Bookcase"）为例。这首诗字面上指的是诗人的图书馆，但它也玩了一下英语文字游戏。"阿什伍德还是奥克伍德①？想要丝般柔软／斜拼接的，四周有眼的，如牛皮纸般苍白／书架的隔板从不下陷。（Ashwood or oakwood? Planed to silkiness / Mitred, much eyed-along, each vellum-pale / Board in the bookcase held and never sagged.）"头韵、节奏、隐喻：这关于一件事及其共鸣，也关乎语言。诗歌展现词汇，如同绘画之于色彩，音乐之于音符。德国哲学家汉斯-格奥尔格·伽达默尔（Hans-Georg Gadamer）写道，诗意的短语"把指向自身之外的转瞬即逝的词语拉回来，使其停滞不前"。

　　语言可以是半透明的，像琥珀色或清澈如瓦莱里的玻璃，但看透它总是需要努力。铭文或投射成为词语，具有与其语气和节奏相关的含义。我在《福尔摩斯经典案例》中第一次认识到阅读总是把感知转化成意识。"你不得不

---

① 阿什伍德（ashwood）意为梣木，奥克伍德（oakwood）意为栎木。——编者注

从像死蚂蚁触角的信手涂鸦中识别它们。"诗人 D. 纳克斯
（D. Nurkse）写道。

对读者来说，这意味着要渲染一个世界：页面之外的
错综复杂的整体。当读者透过柯南·道尔所写的"笼罩在
这座伟大城市的朦胧面纱"看见太阳时，他们重新创造了
伦敦。不仅是天空中的黄色和灰色雾气，更是煤炭和商业
造就了这座大都市的"伟大"。报纸对夏洛克的客户之死的
报道还唤起了从康沃尔到诺森伯兰郡的中产阶级读者群体，
他们都参与到了这个想象中的书本上的社区。受害者匆匆赶
往的滑铁卢火车站，说明蒸汽火车已遍布英国各地：运送
乘客的同时将成捆的《泰晤士报》运送给华生这样的人阅
读。这些都是文章背后的投射。"艺术所代表的对象"，如
萨特所说，"出现在宇宙背景之下。"我把作者碎片化的意
识拼凑成了宇宙。

这一切印证了一点：写作不能使任何事情发生。作为
一个未成年人，早期版本的《福尔摩斯经典案例》对我来
说晦涩难懂，只能囫囵吞枣。作为一个十一岁的孩子，我
无法想象福尔摩斯坐在他的"天鹅绒扶手椅上"，向血液中
注射。我将自己交给文本，去认同一种积极的被动态度，
在这种情形下，我接受了柯南·道尔的语言，然后负责将
这些词语连缀成整体。

阅读需要一定程度的自主性，没有人强迫我设想他

们的话语。它们充其量只是一个邀请。萨特认为这是一种"吸引力"，而这种想法在把玩的时候是不必要的。阅读总是两种自由的结合——艺术家的自由和读者的自由。

迎难而上

鉴于此，我的童年在松木书架中度过的说法是错误的。它可能看起来像这样，因为旧书是怀旧的象征。正如马塞尔·普鲁斯特（Marcel Proust）在《论阅读》（*On Reading*）中所写的那样，一些年少时的回忆在日复一日的生活中被磨灭了，但是通过那些年读过的书，我们重拾了那部分记忆。他写道："那是我们对似水年华的唯一记录。"但是如果我再也不读这些书卷，那么回忆就会成为普鲁斯特所谓的往昔：逝去的时光。正如汉娜·阿伦特（Hannah Arendt）所说的，"只有当无生命的字母再次与愿意将其复活的生命接触时"，文字中最生动的东西才会复活。

这是一个更普遍的观点。我的书只是一些物体与另一些物体的组合——颜料、胶水、无生命的纤维素和牛皮。如果它们没有与特定的对象——具有知识的人——产生特定的联系，阅读就不会发生。从某种意义上说，阅读可能有一天完全停止。如果物种（比如人）知道自己会灭绝，严格地说来，所有的读物——书籍、报纸、推文、广告牌、路标、铜器上的字母将不再是文本。它们将成为生物的藏身之所，被吃掉、被掩埋、被攀爬、被氧化，但不会被阅读。

　　无处不在的文字掩盖了阅读的稀缺性和脆弱性。往大了说，你现在所做的，是迎难而上。

天才与圣徒

　　假设一下：你喜欢阅读——这种不太真实的活动。其实对大多数读者来说，这是一种毫无忧虑的热爱。这就很容易认同剧作家汤姆·斯托帕德（Tom Stoppard），他将车费用来买二手书，"相比忍受离开书半小时享受深蓝大海，更宁愿忍受搭便车"。但让我们说出"为什么"可没那么简单。

　　最明显不过的，阅读是有教育意义的。这就是为什么我的父母每晚都吟诵布莱顿的作品，也是为什么我花了这么多的时间在走廊里为我女儿讲《米菲在美术馆》（*Miffy at the Gallery*）的故事。早期的文字启蒙能够带来巨大的个人和政治优势。研究人员安妮·坎宁汉（Anne Cunningham）和基思·斯坦诺维奇（Keith Stanovich）的报告显示，儿童文学能够促进词汇量的丰富：比大学生的闲聊，或热播节目要多出 50% 的非常规词语。词汇量的丰富往往又会激发更多的阅读，积极的反馈早在学龄前便开始了，并且会持续一生。凭借这种方式，阅读使人了解了许多原本晦涩难懂的事实。政治博弈、科学假说、历史剧，这些奠定了公民前行的理所当然的基础。而文字有助于在孩提时期奠定这一基础。

书面文字还能促进心理健康和社会联系。研究表明，坚持阅读和锻炼可以减少痴呆风险。埃默里大学的研究人员表示，阅读小说的人在大脑的语言和感官运动区域有更多的神经连接。第一作者格雷戈里·伯恩斯（Gregory Berns）写道："阅读小说能将你带入主人公的身体。"这虚无缥缈的追求实际上是一种发自内心的融合。研究还表明，文学小说有助于揣度心智，即我们对他人精神状态的看法。一个新的社会研究学派的调查显示，阅读像唐·德里罗（Don DeLillo）或安东·契诃夫（Anton Chekhov）之类作家的作品会导致情商出现短暂但可量化的飞跃，在这种情况下，人们可以通过眼睛判断一个陌生人的情绪。

尽管对爱书人来说，"书中自有黄金屋"的说法是种奉承，但对此表示怀疑是有根据的。定期慢跑可能比阅读村上春树关于慢跑的文章能更可靠地防止智力衰退。一些有少量样本和模糊数据的研究表明：脑部扫描并未表明阅读与其他娱乐活动相比有不同寻常的影响。另一些人则过于大胆地概括了各种流派：契诃夫与石黑一雄（Kazuo Ishiguro）或艾丽丝·默多克（Iris Murdoch）有同样的效果吗？即使德里罗能帮助我看懂某人的幽默，我也可以在没有同情和爱心的情况下做出正确选择——混蛋们也喜欢小说。阅读的好处是显而易见的，但它不是制造天才或圣徒的机器。

这种观点也将阅读视为达到目的的手段。这的确很重要，可以实现许多方面的真正价值，包括历史的、哲学的、烹饪的、两性的。我通过柯南·道尔来了解维多利亚时代的伦敦或通过伊曼纽尔·康德（Immanuel Kant）来更好地理解现代伦理理论。一些阅读是为了符号资本，另一些则为了紧要关头的晚餐食谱，还有一些是为了性高潮。〔18世纪法国畅销书《哲学家泰勒斯》（*Thérèse the Philosopher*）一书的女主人公说："我读了大约一小时后，那种狂喜掠过了我的心头。"〕突出文本的优点没有害处，无论是简单的还是微妙的，学术的还是生物的。但是这种方法可能忽略阅读本身的目的：一次体验的机会。

阅读不需要借口

经验是至关重要的，从字面上来说，它就是生活经历。正如哲学家约翰·杜威[①]所说，我的存在即经验：游走于世

---

① 约翰·杜威（John Dewey，1859—1952），美国哲学家、教育家、心理学家，机能主义心理学和现代教育学的创始人之一。——编者注

间（在人和环境间往复）。我的活动影响事物，同时事物也对我产生影响。我接收印象，但我的意识赋予它们颜色、形状和意义。这激起一些反应、习惯或选择，从而引起了世界的反应。诸如此类。"一个生命体的毕生事业和命运，"杜威写道，"与它和环境之间极其微妙的交流方式息息相关……"我和宇宙之间的相互作用既不是混乱也不是绝对的和谐，而是有节奏地展开。我们不能完全确定宇宙是什么，不能接受一种朴素的现实主义，这种现实主义摒弃了哲学上的怀疑。但即使在这里，经验的重要性也很明显：自我和他人之间的一种生物游戏，包括对各自边界的混淆。

阅读提供经验。并不是通过让我在贝克街解决犯罪问题，或者让我服用兴奋剂重击罗马百夫长来做到这点，而是将符号与感知联系起来。写作将日常生活中的东西融入自我和世界的创新视角中。萨特在普通感知中看到的"朦胧而微小的意义"被赋予了新的重要性。思想以惊人的方式聚集在一起，情感从记忆转向幻想，感知被恢复或修正。虽然阅读可能不会用到每一个肢体或器官，但它会调动身体的全部，使其清晰、持久、生动。杜威写道："每一件艺术作品都遵循完整的体验计划和模式，使其更强烈、更集中地被感知到。"

这里提到的艺术不必是小说或诗歌之类的文学。虽然最好的小说或诗歌无疑具有可转换性，但哲学等学科也同样提供了经验。亚里士多德的《尼各马可伦理学》(*Nicomachean Ethics*)的基调与荷马的《伊利亚特》大相径庭，但亚里士多德仍提供了一幅独特的宇宙画像，包括其情感氛围。我们的行为和经历并不被任何一种文学形式所垄断。从社交媒体上的妙语到《圣经》典故，抑或在一些更大的平台发表言论，还有一些不需要符号的领域。无论阅读能带来什么好处，它们只能通过这种经历（作为更普遍的与事物混合的一部分）获得。

对读者而言，这种体验往往因其自身而受到重视。首先是努力的乐趣。正如大卫·休谟(David Hume)在其《人性论》(*A Treatise of Human Nature*)中所指出的，精神上的努力是令人满足的。他写道，我们寻求真理，是因为"天赋和能力被用于发明和发现"。读小说和做哲学一样，我们同样是在展示内心世界。

但同样重要的是这种努力所呈现的世界。我之所以读书，是因为喜欢阅读的经历：与一种精致的、重塑的生活愿景邂逅。这并非意味着书中有某种无形的价值内核，并非意味着我能很快从自己的幸福转移到埋藏在纸堆和打印机墨水中的那些神圣的价值。这意味着我很享受这种体验，仅此而已。这种体验也许是在读阿尔弗雷德·诺斯·怀特海(Alfred North Whitehead)，或德博拉·利维(Deborah Levy)的简洁美文时，我被激发的思辨；也许是福尔摩斯勾起的怀旧之情，或是在乔治·奥威尔（George Orwell）的《让叶兰继续飘扬》（*Keep the Aspidistra Flying*）中产生的对自己的尴尬认识；也许只是在《星际迷航》（*Star Trek*）中短暂逃避生活的痛苦。这就是为什么弗吉尼亚·伍尔夫（Virginia Woolf）在《如何去读一本书？》（"How Should One Read a Book?"）一文中对上帝的描述是"有点嫉妒精通文学的灵魂"。"瞧，这些不需要报酬的人，"他在天堂里对圣彼得说，"我们这里没有什么可给他们的，他们已经喜欢上了阅读。"阅读本身值得向往，除非它造成伤害，否则不需要理由。

舞　蹈

阅读说来容易，做来难。文学价值只有在实践中才得以彰显：阅读是主动的，而非被动的。正如杜威所说，阅读往往涉及对文本的"迁就"。自然，阅读也是要用心的。仅仅抱着自由的心态去阅读是不够的，更需要恰如其分地行使这份自由。要有技巧地阅读需要平衡各种倾向：思想与情感、自发性与习惯性、服从与批判、急速与缓慢、大胆与谨慎、拘泥与超然。

以弗兰克·米勒（Frank Miller）的经典图像小说《蝙蝠侠：黑暗骑士归来》为例，蝙蝠侠在战斗中把一个黑帮老大大卸八块。（"你搞错了，老兄。这可不是什么泥坑，这是手术台，而我是医生。"）这种以暴制暴的行为饱受争议，却又是为正义而战的。我很欣慰，故事的结尾蝙蝠侠被判刑而不是被处死。我被剧情和主题深深感染了。米勒笔下的故事同时也引发了一些讨论，比如他的自由主义的政治思想，再如教育孩童凭借一己之力匡扶正义、除暴安良是否符合道德伦理。为了充分享受阅读，我不想过分评判这些。我也不得不假装认为没有人会认出面具下那个高大威猛的亿万富翁，认为迎头痛击罪犯是一种真正防止犯罪的手段。不论我的兴趣如何变化，这种假设都将继续下去。如果我由于审美疲劳或神经过敏忽略了《蝙蝠侠：黑暗骑士归来》中政治或者道德上的细微差别，那也不能责怪米勒。在不屈服于他们的结论的情况下我不得不承认我会摇摆不定。这种在愉悦与厌恶、审慎与轻信、浸入与游离之间寻找平衡的能力，同样适用于该类型的其他作品。比如《绿灯侠》第五十四回，将一个女人恐怖的谋杀行为安上了英雄主义的动机，就引起了大众的反感，而米勒笔下的硬汉形象却被推崇。作为读者，我认为阅读就像一场谈判，在阅读的过程中，你的意向会不断地被检验和扭转。

维持这个平衡的词是"美德"。这个词捂着一层蕾丝窗帘，有着严肃的警世故事或族长指责的气氛。最早创立美德理论的亚里士多德（Aristotle）也曾有过保守主义的时刻，哲学家阿拉斯代尔·麦金太尔（Alasdair MacIntyre）称他为一个"目空一切的家伙"。不过这是因为雅典学者的贵族式傲慢，并非因为他的理论完全是自以为是、目中无人的。

在古希腊，美德是"aretē"，即"excellence"。正如亚里士多德所主张的，卓越不是一种精神状态，鉴于其变化着——它要求的是一种为生活而奋斗的状态，而不是一个瞬间。虽然它是理性范畴，但它不仅仅是概念上的。尽管它的确涉及情感，但它也不仅仅是一种情感。尽管这算得上是一种习惯，但它不仅仅是一种反射。每一种美德都是亚里士多德所说的"hexis"：一种倾向、一种性情或者一种意向。它表示准备就绪。当我在不断变化的环境中惯常地做出恰当的反应并自觉自愿地这样做时，我是有美德的。所以文学的"aretē"不是天生的，但也不是人为的。就像阅读本身一样，好的"hexis"的确是我们与生俱来的潜能，但要靠按部就班的研习才能实现。

对亚里士多德来说，每一种美德都是两个极端（缺乏和过剩）之间的中间项。因费奥多尔·陀思妥耶夫斯基（Fyodor Dostoyevsky）的《罪与罚》（*Crime and Punishment*）令人不安而放弃阅读这本书是懦弱的。如果它能逼着我疯狂攻击我的女房东，那说明阅读它令人鲁莽。勇气是中间项：我意识到自己世俗的平衡受到威胁，但仍然坚持下去，因为小说承诺了一种丰富的心理体验。亚里士多德的三段论并不总是令人信服，有些美德，如节制和正义，不完全符合蓝图。但总的来说，这种异教的卓越想法有助于平衡对文字的需求。这就是为什么弗吉尼亚·伍尔夫在她关于詹姆斯·乔伊斯（James Joyce）的笔记中称阅读"几乎是一所品格学校"，它为美德的发展提供了机会。

这里没有法则，因为美德随着文本和上下文而变化。这是亚里士多德的观点的优势之一：他拒绝给出规则。他写道："受过教育的人会在每个科目中追求确切答案，正如事物的本质所表现的那样。""Aretē"只有同经验一起才能发展，这是一种本领，一种诀窍，而不是一个定理。想要很好地读书，我必须博览群书且小心谨慎，铭记我的权力和责任。

这并不意味着观察自己，就好像我被分为两个我，一个看文字，另一个审视"看文字"这种行为。正如哲学家吉尔伯特·赖尔①所指出的那样，在这种监视下"我"总是拖延。我们对待自己的行为就像对待别人的行为一样，行为会被审视、批评、赞扬或忽视。但只有一种意识，它不能专注于自身——它所关注的是回忆，"逻辑上注定永远倒数第二"。阅读的美德不是要求精神分裂式的监视，而在于诚实的回忆和反思。

---

① 吉尔伯特·赖尔（Gilbert Ryle，1900—1976），英国哲学家，日常语言哲学牛津学派创始人之一。——编者注

然而我永远无法完全摆脱偏见。亚里士多德的观点之一是，我就是偏见的，相互竞争和勾结的倾向混杂在一起。正如亚里士多德所说，我意识到这些，但无法脱离灵魂的非理性部分。反思本身就是一种倾斜、一种弯曲，随着努力的程度加强或削弱。用今天的自由阅读来揭示明天的偏见——重点是要谨慎地揭示。弗里德里希·尼采（Friedrich Nietzsche）曾经称最好的学术和散文为"刚柔相济"的舞蹈，而阅读也要求做到一种举重若轻的灵活。

对书末题署 ① 的崇拜

尽管文明中充斥着语言符号，阅读的好处却很少被称道。能够很好地阅读被视为一种基本的技能，而不是终身的目标，亦不是一种需要坚持丰富和提高的创造才能。

这与流行写作行业（学位、短期课程、工作坊、大师班、中心、节日座谈）形成了鲜明对比。报纸和杂志上都开设了"如何写作"的专版：乔治·奥威尔的简明散文、乔治·马丁（George R. R. Martin）的科幻文学、菲利普·普尔曼（Philip Pullman）的专栏（"我的主要原则是对这样的事情说不，它们诱使我放弃了我的正常工作"）。甚至还有

---

① 在 16 世纪现代书名页出现之前，书末题署是专门记载印刷、版本、制作者等信息的地方。——编者注

简·奥斯汀（Jane Austern）的文学成就。（坦白地说这是我撰写的。）许多文章不仅承诺提供技术诀窍，而且还提供了说服编辑出版和读者购买的技巧。

在这种情况下，阅读的艺术和出版的念头相比，居于次要地位。一项调查显示，在美国，有80%的人想要写一本书——这是一个惊人的数字，即使只有一半是真格的。尽管他们只是向往作家的身份，许多人并不是真正的爱书人。皮尤研究中心①发现，25%的美国人过去一年中没有读过一本书。正如作家兼翻译蒂姆·帕克斯（Tim Parks）所指出的，作家已经成为一个富有魅力的职业，而不再只是一项技能。他写到，这更像19世纪诗人自发的浪漫主义已经成为一种职业的描述。不管这可能与专业作家的日常训练多么不一致，拙劣的模仿依然存在。小说家弗兰纳里·奥康纳（Flannery O'Connor）的观察似乎是对的："他们感兴趣的是成为一名作家，而不是写作。他们感兴趣的是看到自己的名字被印在某部著作的封面上，至于什么作品，并不重要。"这就是对书末题署的狂热崇拜。

也许这是所有有文化修养且悠闲的群体的标志。罗马帝国有一个短小而生动的文学文化。公元1世纪时，诗人马夏尔（Martial）抱怨说被一位雄心壮志的作家骚扰。"当

---

① 皮尤研究中心（Pew Research Center），美国的一间独立性民调机构，总部设于华盛顿特区。——编者注

我站着的时候，你读给我听，当我坐下的时候，你读给我听，"他啐了一口，"在我跑的时候，你读给我听，在我如厕的时候，你读给我听。"这种印象是无穷无尽的，通常是自负的涂鸦和演讲。他自己写了一千多句讽刺诗，通常是讽刺前人的作品。比马夏尔更年轻的同时期诗人尤维纳利斯讽刺了著作狂的弊病：恶性的写作欲望。他抱怨说，罗马资助人赞不绝口，却没有付现，荣誉不能拿来换酒喝。"可是我们还是坚持着，"尤维纳利斯写道，"用我们贫瘠的犁，犁着一条尘土飞扬的沟，用犁刀改造海岸。"美国医生、诗人（老）奥利弗·温德尔·霍姆斯（Oliver Wendell Holmes Sr.）在一首诗中回应了尤维纳利斯，他在大约十八个世纪之后做出了类似的诊断，在《著作狂》里写道，即使全世界都是信纸，每一片充满了墨水的海洋都被耗尽了，"仍然会有蹩脚文人聚集在它的边缘／索要更多的笔，更多的纸张，更多的墨水"。

不管是古代的还是现代的"著作狂"，问题都不是写作本身。当我们背弃作者的时候，鼓吹阅读是很荒谬的。业余作品也可以很有价值。正如哲学家 R. G. 科林伍德（R. G. Collingwood）的观点，写作有治愈作用。无论是诗歌还是哲学中的表达，都提供了一个净化心灵的机会。这既不是自动的，也不总是愉悦的，但它可以克服科林伍德所说的"意识的腐败"——拒绝现实。治疗过程不需要公开，因为信件和日记也是文本实验室。学习写作也可以培养对他人的天赋和成就的尊重——熟练的写作也带来了一定的鉴赏能力。德国哲学家兼诗人约翰·沃尔夫冈·冯·歌德（Johann Wolfgang von Goethe）和弗里德里希·席勒（Friedrich Schiller）指出，鉴赏家尊重艺术的付出，而一知半解者则是不安分的囤积者，仅仅收集他人无形的努力。因此，那些被视为涉猎者的人在文学领域和在体育或绘画领域一样吹毛求疵。通过学习写作，我能够变得更熟悉自己（至少是心理上感觉如此），并且对别人的劳动更加慷慨。

问题是这种热情很少适用于阅读。我很少承认可以熟练运用波伏瓦笔下的"魔法"，但却没能充分掌握这种魔法；我很少承认自己可能是个天才作家，却拙劣地或恶毒地占用我的读者的自由。

健忘和眩晕

在某些方面，阅读容易被忽视。最明显的是，读写能力通常是童年就掌握的，而且是自然而然形成的。我们出生时对世上的事物几乎一无所知，但是慢慢地，我们便能将特定的颜色、形状和动作与特定的事物联系起来。由黑色和金色构成的长方体叫作"书"，还有无数白色和蓝灰色的长方形。每一种印象都是新的，但我们学会了在变化中看到规律。阅读也是如此：掌握这种把感知与事物联系起来的技巧。成行的文本首先会变成词（"ay" "bee" "see"），然后是声音，它们结合起来唤起思想和情感。奥利弗·萨克斯（Oliver Sacks）在《心灵之眼》（*The Mind's Eye*）中写道："我们识字不是靠神的干预，而是通过一种文化创造和一种文化选择，这种创造和选择使得先前存在的神经倾向得到了巧妙的……新的利用。"因为这对识字的成年人来说是很容易发生的，所以很容易忘记它的新奇和奇妙之处。最初的感觉消失了，随之消失的还有进一步发展这种新意识的意愿。

　　阅读的艺术在很大程度上是其他人看不见的。"我意识到没有人……能够进入我的阅读空间，"阿尔维托·曼古埃尔（Alberto Manguel）在《阅读史》（*A History of Reading*）中写道，"除了我自己的意志，再没有什么能允许别人知晓。"即使我大声朗读——如同古代和中世纪的习俗那样——对观众来说，这种展示也可能是欺骗性的。很多使阅读在心理层面如此丰富的原因是私人的，而且可能与我的公众形象相冲突。一个有魅力的表演者可以营造一种大师级的印象——简·奥斯汀的《曼斯菲尔德庄园》（*Mansfield Park*）里的亨利·克劳福德（Henry Crawford）就是一个例子——但表演和解析之间存在着鸿沟。我可以谈论一部小说，并展示我的看法：专注或不安、通晓或无知、赞许或轻蔑。但是大部分的阅读都从检查中退出。

这使得阅读不太适合拿来招摇过市或自卖自夸。是的，我可以用文字作为身份的象征，正如社会学家皮埃尔·布尔迪厄（Pierre Bourdieu）所说的那样。我那本金边的《福尔摩斯经典案例》是我在文化市场上的一笔糟糕投资。然而，这种权力的游戏并没有说明我是如何解读这些词语的。因此，阅读是一种不显眼的天赋。对于那些寻求文化资本的人来说，写作是一种更明智的投资。

但是比起早期的起源，或者看不见的内在性，我们更容易遗忘阅读的艺术。阅读同样会引起不安。不仅是因为像《贝奥武夫》（Beowulf）中的格伦德尔（Grendel）或《洛丽塔》（Lolita）中的亨伯特（Humbert）那样的怪物，而且是因为自由是令人不安的：我的生命是我的，没有人能代表我去证明。我无法逃避布尔迪厄所谓的"社会空间"①，我是一种特殊的动物，有特定的生理需要。但我如何看待这些和我自己呢？没有宏大的宇宙文字指明从生到死的道路。人类的问题没有终极答案。哲学家马丁·海德格尔（Martin Heidegger）在《存在与时间》（Being and Time）中讨论过这个问题，这引发了"畏惧"或者焦虑。

"畏惧"不仅仅是恐惧，不是因为这样或那样的威胁畏

---

① 社会空间在布尔迪厄看来是一种"关系的系统"，在社会空间位置接近的行动者有更多共同属性，是构成群体或阶级的基础。——编者注

缩不前。"畏惧"是一种情绪，它无处不在。霎时间，存在似乎是虚假的、虚幻的，或毫无意义的。我很少感到这种不祥的预感，因为我忙于生计。但偶尔我会被提醒，没有完美的个性，我的理想和价值观是我可以主张或批评、赞同或嘲笑的理想和价值观。正如海德格尔所说，日常的熟悉感崩溃了。在这种心境下，我不能依靠神明或自然，生命的重量是我必须承受的。伴随着这种负担而来的是迷惘——对我身下事物感到晕眩：几乎什么也没有。焦虑是沉重和轻松、恐惧和兴奋的一种不可思议的结合。

言语唤起了这种畏惧，因为它们揭示了我在描绘世界时的作用，它们展示了一切我为了获得可靠的事实而忽略的可能性。如果读者和作者一样自由，那么就无法避开这种潜能的发挥。书页只是人类含糊不清的词句的一个短暂确定性。当我意识到我的责任是肯定一个世界而不是另一个世界，以及所选择的事物的脆弱性时，就会产生眩晕。每一串字母都可能是存在主义的挑战。

这种眩晕是对作者崇拜的另一个原因：它让我们停止了符号的游戏。正如哲学家米歇尔·福柯（Michel Foucault）所指出的，作者可以让阅读变得可靠。这不是指现实中可以获取版税支票、忍受腰酸背疼的作者，而是作者的想法，被福柯称为"作者功能"。作者功能不是个人，而是一种驾驭内涵、外延的方式，它产生于社会和心理的力量。人们很容易相信《追忆似水年华》（*Remembrance of Things Past*）中的"马塞尔"其实就是马塞尔·普鲁斯特，或者尼科斯·卡赞扎基斯（Nikos Kazantzakis）的神话实录《致希腊》（*Report to Greco*）中的"我"是留着小胡子的盆景厌恶者。作者成为简化文本的一种方式。

福柯的观点并不是说作者的生活和动机总是无关紧要的。任何与创造的结交织在一起的事物都是密切相关的：柏拉图（Plato）的《理想国》（*The Republic*）中的瘟疫、尼采《瞧，这个人》（*Ecce Homo*）中的梅毒。正如罗兰·巴特（Roland Barthes）所说，作者肯定会成为文本中的"人物"。福柯的观点是，作者只是众多阅读方式中的一种，这种阅读方式突出了某些含义，而隐藏了另一些含义，这些往往是作者在隐藏自己的同时进行的。他称之为"意义扩散中的节约原则"。专注于作者，我可以给自己一份显而易见的礼物，而这份礼物所带来的满足感则是：作品就意味着故事的结束。

因此，读者的自由并不是简单地被遗忘。人们对此不屑一顾，因为文字可能会导致一些棘手的问题。无论是在手稿、报纸专栏还是漫画小说中，人们都在寻找容易确定的内容。文字变成了别人的工作：作者被认为是一个孤独的天才，或者被指责为潦倒的文人。读者的潜力被剥夺了，连同更巧妙地运用它们的机会。

欢　乐

此书是对这种压抑的回应，提醒读者认识世界的力量。每一章都强调了一种特殊的美德——好奇心、耐心、勇气、骄傲、节制和正义。这排除了许多经典的优点，而且有充分的理由。亚里士多德的辉煌，对那些有钱的贵族来说，比藏书家更有价值，然而慷慨的文学意义并不大。希腊哲学家的诚实被骄傲所掩盖，即使动怒也受到全盘颂扬。奥古斯丁敦促虔诚的基督徒为爱拿起《圣经》，但却以轻蔑的态度对待大多数作品。对他来说，最好完全避免书写文字，而不是不崇拜上帝（"诅咒将希望寄托在人类身上的人"）。同样，信仰和希望也与宗教的宇宙观和道德观联系太过紧密，无法帮助世俗的读者。在基本的美德中，谦卑是正常有益的骄傲的一部分，而文字中的简洁则类似于节制（虽然我建议博览群书）。就像异教徒和基督教的书目一样，这份清单是片面的，但不是武断的。这反映了我所尊重的东西。

本书反映了写作的本质，但与雅克·德里达（Jacques Derrida）的《论文字学》（*Of Grammatology*）相去甚远，后者坚持不懈地发现并挖掘西方的形而上学理论。我的兴趣不是存在的历史，而是角色——不论这个"我"是如何模糊多变。我认为有些解释更好，但并没有类似于奥古斯丁的《论基督教教义》（*On Christian Teaching*）这样的指南。我已经放弃了百科全书式的精通，转而追求传记的纪实性——我的意识一定程度上反映出我所读过的和我如何阅读的。当我富有冒险精神地去阅读——从思辨的现实主义到黑色超级英雄，从海德格尔到海因莱因——对于作者、流派和风格，我有自己的偏好和成见。有时我克服了这些偏见，显露出了犹豫不决的自我。有时我已经证明了我的倾向是正确的。重点不在于捍卫确定的诠释，而是对这种通常比较私人的艺术进行公开的反思。

这一坦白很重要，正如阿拉斯代尔·麦金太尔所指出的，因为美德在集体中得到最好的发展。如果阅读是两种自由之间的对抗，那么做到恰当地阅读就需要第三种自由，即其他读者，我从他们那里获得了对立的或异乎寻常的生活印象。

这也是文学批评如此重要的部分原因。批评者被讽刺为傲慢的看门人、麻木的学究或寄生虫，而他们当中的有些人的确如此。但最好的批评家是阅读艺术的典范。他们并不只是简单地介绍作品。他们还揭示了我们为作品注入的偏见——清晰或模糊、慈善或卑鄙、好奇或麻木——以及被提倡的生活愿景。美国散文家门肯（H. L. Mencken）称，批评家是一种"催化剂"，不同于在两种化学物质之间的催化剂，批评是在文本和读者之间发生作用。门肯写道，激起艺术作品和观众之间的反应是他的职责。有时候，的确如此，批评家对那些无知或不能全然理解的观众有帮助。他们使在时代、语言或情感上极其陌生的作品变得更加为人所熟知。不过批评家也能促使那些博学而自信的读者做出反应，因为他们博学而有主见——他们需要释放个人的想法。最好的批判性研究能够在哲学领域做出贡献，放松紧绷的神经。

专家对这一角色没有垄断权。没错，更好的批评家把在严肃和游戏、我和你、文本和语境之间游刃有余地行走作为他们的工作，并试图享受这种乐趣。他们这样做是因为一种更根本的动力，敏感而明智地对文字做出反应。这就是为什么批评家们选择了这一职业（或者被它所选择）——他们享受阅读的艺术，如同享受写作一样。正如评论家乔迪·威廉森（Geordie Williamson）所言，他们愿意向更伟大的人才致以"明显的敬意"，部分原因在于他们对自己熟练程度的陶醉。这些悦人的才华并不局限于杂志版面或学术研讨会。都市文学节与郊区书友会上演着解读之争，在咖啡馆的长凳或家庭餐桌上亦是如此。不是每个人都是评论家，但是每个读者都可以当众进行评论——不仅是为了发现作者错误，更是为了关注自己。

这本书是群体性阅读中的一种练习，提醒人们自由和冒险的回报。这也是我个人对自由的呼吁。

好奇心

无限的图书馆

这一章在我出生前就存在了。

英语中有二十六个字母，还有一些标点符号。在任何长度的句子中，都有很多种方法来处理这些符号。或许数不过来，但数量还是有限的。大多数文章都是冗长的官样文章，但也有许多是清晰易懂且可信的文章。有些文章会把这段话写进去，只有"chapter（章节）"一词会读作"sardine（沙丁鱼）"；在其他的地方，除了"gobbledegook"[1] 这个词，

---

[1] 作者可能将"gobbledygook"误写为"gobbledegook"，"gobbledygook"意为官样文章、官话。下文中"Sinestro"为美国 DC 漫画旗下超级反派塞尼斯托。——编者注

每个字母都是"z"；在其他地方，每十三个词就会出现"Sinestro"。不论我在思想或散文方面如何创新，都没创造出任何深刻的新东西。我只是从一个看似无穷无尽的目录中选择一种符号组合。

在这座宏大的文学"餐厅"中，所有的写作就像是按菜单点菜。

这是阿根廷作家豪尔赫·路易斯·博尔赫斯（Jorge Luis Borges）在他的短篇小说《巴别图书馆》（"The Library of Babel"）中提到的。博尔赫斯描述了一个无限大的图书馆，它由一个个完全相同的房间组成。这些房间是六角形的，沿着四周墙壁堆满了书架。每个书架上存放了超过六百本书。所有房间永远都是这样子。一代又一代人在这里出生、老去。博尔赫斯描写到，这些人在一个个房间里游荡，寻找一本"全书"，它能够指引他们了解整个世界。有些人过于乐观，他们相信一定存在包含完美科学和预言的书，能够解释宇宙的奥秘和生命的善意。而另一些人则很焦虑甚至抓狂，他们觉得在这些无穷无尽的书中找不到任何有价值的东西。叙述者疲惫又绝望。"我记得我曾经提到这些年越来越频繁的自杀行为。"他写道。他认为人类很快将会灭绝，只有图书馆会继续存在，以一种"孤独又无限，静止又光辉灿烂"的姿态。

博尔赫斯描述的是一种可怕的无限景象，它嘲笑图书馆的平静，从杜威十进制分类法到谵妄。它还对作者权威不屑，因为每一部杰作都只是总体规划的副本。事实上，博尔赫斯的寓言本身是古老想法的新版本，正如他在《终极图书馆》中所指出的，基本的概念已经存在了至少两千年。亚里士多德提出了这一观点，西塞罗（Cicero）阐述了它的前提，其他人——从布莱士·帕斯卡（Blaise Pascal）到托马斯·赫胥黎（Thomas Huxley）再到路易斯·卡罗尔（Lewis Carroll）——进一步提出支持或反对的论点。因此，《巴别图书馆》一文只是通过散文的形式重复了一种古老的概念。博尔赫斯的童年和小说中重现了同样的意象即对繁衍的恐惧。他在《特隆、乌克巴尔、奥比斯·特蒂乌斯》（"Tlön，Uqbar，Orbis Tertius"）中写道："镜子和交媾都是可恶的，因为它们扩大了人类的数量。"总的来说，博尔赫斯称之为"底层恐怖"——一个永远荒谬的宇宙，只包含足以与其稀有性格格不入的美。它的中心是文字。

天　堂

尽管心存这些恐惧，博尔赫斯仍是一名非凡的藏书家。"我一直把天堂想象成一座图书馆。"他在《失明》中写道。他父亲的藏书激发了他热爱文学的本性。传记作家埃德温·威廉森（Edwin Williamson）写道："父亲的图书馆成了他的游乐场。"博尔赫斯为数不多的正式工作中有两个是在图书馆：一个是在当地一家研究所的图书馆任馆员（由于他的编目速度太快，惹恼了其他工人），另一个是他五十多岁的时候，任布宜诺斯艾利斯国立图书馆馆长。虽然作者是盲人，不得不经常待在家里，但他还是定期去逛二手书店。阿尔维托·曼古埃尔是一个土生土长的阿根廷人，小的时候曾在一家二手书店里工作，他还记得博尔赫斯到访的场景。曼古埃尔写道："他几乎完全失明，但他坚持不用拐杖，他会把一只手放在书架上，仿佛他的手指能看到标题一样。"在国立图书馆里，博尔赫斯有两个旋转的书架，里面装有按固定顺序排列好的特定书籍：从口碑很好的《韦氏英语百科全书字典》（*Webster's Encyclopedic Dictionary of the English Language*）到挪威诗歌集。近六十岁的盲人图书馆长开始在学生的帮助下自学盎格鲁-撒克逊语。他写道："我已经失去了看得见的世界，但现在我要开启另一个世界。它是我遥远的祖先的世界，这群人划船渡过伴有狂风暴雨的北海。"书籍就是一场冒险。

　　阅读的过程中不要把叙述者、作者和现实中的人混为一谈，这一点很重要。博尔赫斯本人也指出了现实中的人和文学人物之间不可思议的区别。他在《博尔赫斯和我》（"Borges and I"）一文中承认，后者是"发生的一件事"，人就像一块生物电池，不断给作者的创作提供动力。人固然很重要，但流传下去的是作品。作品之上是语言，语言之上是神秘的永恒。他在其他方面也持有这种想法，他指出，但丁并没有完全理解他所写的诗。"这个世界的运行机制太复杂，以至于纯洁的人类无法理解。"博尔赫斯在《地狱，我，三十二》中写道。以同样的方式，他对两个伟大的创造者，莎士比亚和上帝，无知的一面进行了描写。有一个观点贯穿博尔赫斯的众多作品，即人类个体比他们看起来更不重要，也更善变。文学不是一本纯正的自传，豪尔赫·路易斯·博尔赫斯也并不单纯。

尽管如此，博尔赫斯的散文和故事描绘了一种阅读的狂热，在这一点上，书中人物并没有说谎。作为现实中的人，博尔赫斯喜欢交谈，后来由于在美国旅游期间呈现出的风趣健谈而出名。与朋友和学生们一起喝茶的话题不是道听途说的小道消息，而是他在书房或卧室里独自做的事——读书。他在《纽约客》中写道："我总是先读书再付诸实践。"他把读书比作谈恋爱。

他的作品彰显了对书的崇拜。崇拜的不是那些传统风格（很严肃）的书，而是从一部作品跳到另一部作品，从一个作者跳到另一个作者的有趣跳跃。在《对书的狂热崇拜》("On the Cult of Books")中，博尔赫斯展示了文字演变成神圣工艺品的缓慢过程。然而，像柏拉图这样的古代作家经常对文字表示怀疑，法国诗人史蒂芬·马拉美

（Stéphane Mallarmé）写道："世上的一切都为了写进书本而存在。"另一些人，如罗杰·培根（Roger Bacon），宣称自然本身就是一本包罗万象的书，世间万物就如同字母表。在此过程中，博尔赫斯从荷马写到塞万提斯，到萧伯纳、希波的奥古斯丁、古兰经、卡巴拉教派①的著作、托马斯·卡莱尔②，等等。这篇文章不仅是对文学的神圣性的争论，也展示了一种崇拜：图书馆是博尔赫斯那令人敬畏的宇宙。在另一篇文章《柯尔律治的梦》（"Coleridge's Dream"）中，他以梦的起源描写了艺术作品，主要针对柯尔律治关于忽必烈宫殿的诗歌。博尔赫斯指出其实城堡本身就是在梦中构建的。他在文章结尾指出，每一个幻想都让我们更加靠近一种还未展现给人类的母题——通常是一种理想化的蓝图，寄托了人类美好的愿望。在论证其观点的过程中，博尔赫斯提到了诗人约翰·济慈（John Keats）和斯温伯恩（Swinburne）、人类学家霭理士（Havelock Ellis）、历史学家比德（Bede），以及哲学家怀特海，介绍他们整整用了四页纸的篇幅。博尔赫斯引用的这些文学人物将不同时间与不同地点连接起来，表明了他思想和语言的连续性。在这些历史人物之间轻松跳跃的同时，他展现

---

① 卡巴拉教派，犹太教中的一支。——编者注

② 托马斯·卡莱尔（Thomas Carlyle，1795—1881），苏格兰哲学家、评论家、讽刺作家。——编者注

了孤立事件背后隐藏的真理。

与柏拉图和佛陀共舞

这在一定程度上是一种哲学上的承诺。博尔赫斯更相信心灵而不是肉体、更相信猜测而不是事实。他的意志跨越年龄，跨越国家，这是因为他意识到了更大的可能性。对一个放眼浩瀚宇宙的人来说，事情总是可以有所不同。一个字符可以改变一个句子，一位读者可以改变一个初印稿。只有巴别图书馆还维持原状。这使得在艺术作品之间不停地游走是有意义的，永远不要相信有什么是完美的。

伴随这种柏拉图式的倾向的是博尔赫斯的虚无主义：相信事物的终极虚无。这就是为什么他怀疑自我，并认为自己像但丁和莎士比亚一样是虚无的。文学学者詹森·威尔逊（Jason Wilson）在他对博尔赫斯的评传中巧妙引述了作者的观点："我们都是饥饿的鬼魂，没有实质的本体。"博尔赫斯并不是一个彻头彻尾的佛教徒，但他的著作呼应了亚洲哲学关于确定和持久事物的怀疑论，也包括对"我"的怀疑。

唯心主义和佛教这两种传统，在博尔赫斯最喜欢的哲学家亚瑟·叔本华（Arthur Schopenhauer）那里得到融合，叔本华的文章探讨了"宇宙之谜"。鉴于这种世界观，博尔赫斯对文字的热爱表现为拒绝直白的现实，以及对他自身重要性的真正的谦虚。他从不把文本，或它们所提示的东西视为理所当然。

博尔赫斯作品的总体基调是愉悦，通过阅读获得洞察力的刺激。毫无疑问，这是一种特殊的洞察力，是形而上学的和心理学的，而不是政治的或科学的。但是在博尔赫斯极大规模的藏书室里，书的种类是包罗万象的。他写下了自己在知识性探索中的喜悦，并称赞"思考的乐趣"。他为犯罪小说的价值辩护——不是因为它那令人兴奋的杀戮，而是因为它令人绞尽脑汁。他认为，从爱伦·坡到柯南·道尔，这类侦探小说都致力于虚构，即抽象推理至关重要。他在《侦探小说》（"The Detective Story"）中写道："这是在一个混乱的时代维护秩序。"一般来说，在博尔赫斯的作品中，思想陶醉于创作。不是因为它应该这么做，而是因为它可以这么做。这是一种爱好，不是对实用理性或实验精确的钟爱，而是对猜谜、游戏、异想天开和笑话的喜爱。他喜欢锻炼自己的心智，从一个文本垫脚石跳到另一个，随着河道不断变宽，他露出笑容。总之，博尔赫斯求知欲很强。

施展天赋

博尔赫斯仔细研究过的苏格兰哲学家大卫·休谟在

《人性论》中专门用了一章论述好奇心。休谟将好奇心称
为"对真理的热爱"，尽管这种描述可能会产生误导。它不
是对事实的渴望，甚至不是对真理的渴望，而是对发现事
实的努力的渴望。休谟写道，最令人舒适愉悦的事是我们
"集中注意力或施展自己的天赋"。很明显，不是任何真理
都会起作用：简单的谜题是无趣的。例如，博尔赫斯可能
只是简单地计算了柯尔律治诗歌中对梦的引用，然后给了
它们一个分数。这可能是完全正确的，但很无聊。激发和
回馈博尔赫斯好奇心的是一条理想的线索，系在蒙古将军
和湖畔派诗人之间，或上帝、德·昆西（De Quincey）和
斯威夫特（Swift）之间。对休谟来说，这一成就是为了自
己，而不是为了事业或金钱。

这并不意味着好奇心是一种"纯粹"的兴趣，脱离了
社会和心理的土壤。休谟在谈到快乐时揭示出求知欲需要
一种强烈意向，促使我们更仔细地观察，或回过头去发现
一些显而易见的事。所谓的"冷眼旁观"的研究仍然是一
种倾向。问题在于休谟的好奇心既不是功利的，也不一定
是关于义务的。

这与文学自豪感形成了鲜明对比。例如，一位学者可
以为她对博尔赫斯故事中的投射的仔细分析而感到自豪，
但没有享受劳动过程本身。这可能只是一种专业的义务，
努力地去完成它——在年度出版物产生影响之前做的文献

回顾。然而，在休谟看来，好奇心是追求真理这个行为本身，而不是追求真理的"我"。这样为了这个行为而努力是令人兴奋的。

休谟同样认为，好奇心是重要的，因为这有助于集中注意力。休谟说，当我们漫不经心时，同样的理解行为对我们没有影响。这种价值观念因人而异。所以博尔赫斯的文学价值与他的男性图书馆同事有所不同。（有人认为这是一个有趣的巧合，一个编目作者也叫豪尔赫·路易斯·博尔赫斯。）休谟的观点十分明晰：好奇心是被相关真理的伟大所鼓舞的。重要的事物——无穷大、梦想的世界、千百年的古老秘密——使得博尔赫斯埋头于书卷。休谟说，这无关紧要，不管这些是否真的是一件大事。它们形而上学的伟大或政治的有用性可能全是虚构的。最主要的是它们的心理重力：一种使头脑保持清醒的压力。

博尔赫斯不断地、充满激情地读着，并不在意流言。事实上，他在迟暮之年与埃尔莎·阿斯泰特·米兰（Elsa Astete Millán）结婚，似乎是命中注定的。但新婚妻子对流言蜚语的兴趣使得他们的婚姻格外尴尬。（据一位朋友透露，博尔赫斯与埃尔莎结婚是因为他们早在几十年前就相识了，像小说的情节一样。）在《人性论》中，休谟对适度好奇和他所描述的"对了解……邻居的行为和情况的永不满足的渴望"做了有益的区分。爱传流言蜚语的人经常被讽刺为新奇事物的猎人，但休谟反驳说，他们的渴望实际上来自对新事物的恐惧。他们的小世界是整洁而静止的，他们认为改变是麻烦的。他写道："太突然、太猛烈的变化对我们来说是不愉快的。然而，任何物体本身都可能是无关紧要的，反倒是它们的变化使我们感到不安。"从这个角度来看，渴望谣言或丑闻是一种避免不确定性的方法。

当博尔赫斯拿起但丁的《炼狱》（*Purgatorio*）或 H. G. 威尔斯（H. G. Wells）的《隐身人》（*The Invisible Man*）时，他并不是在寻找八卦，获取可靠事实的安慰。他的佛教徒般对短暂的坚持和理想主义的谨慎态度，使他坐立不安。博尔赫斯在办公室书架上而不在他的藏书室里寻找可预测性。因此，他坚持要在几年后重返工作岗位：一种揭示封面之间和封面内部新关系的方式。"我更喜欢重读，"博尔赫斯在缅因州大学（University of Maine）对一名听众说，"因为当你再次阅读时，你正在探索钻研。"

巴别历险记

重要的是不要给博尔赫斯的文学成就贴金。正如约翰·厄普代克（John Updike）在《作为图书管理员的作家》（"The Author as Librarian"）中所写，他有一种"狂热的狭隘性"。他对许多杰出的作品，特别是女性的作品不屑一顾。他珍贵的英国文学经典缺少了简·奥斯汀、乔治·艾略特、弗吉尼亚·伍尔夫、艾丽丝·默多克这样的作家。当被问及他认同的女作家时，他回答说："我想我会限定自己只看艾米莉·狄金森。"他对社会和政治成就没什么兴趣。当博尔赫斯被指控无视丧命于执政派手下的同胞时，据说他谩骂般地回答："我不看报纸。"传记作家詹姆斯·伍德尔（James Woodall）也形容他是"一个不幸的历史学家"。总的来说，博尔赫斯作为一个读者的乐趣是独特的，有时是愚蠢的，从古希腊角度来说是剥夺性的和以自我为中心的。

　　尽管有这些局限，博尔赫斯的好奇心还是堪称典范。因此，对首次阅读其作品的读者来说，克莱夫·詹姆斯（Clive James）称他的魅力是"让年轻人为之兴奋的思想冒险"。这位阿根廷人用他的巴别塔和无限，用其他方面的重要性，用等待超出每个特定短语的"可能"的重要性补充了休谟的理论。真正好奇时会有点紧张；把当前的页面看作多种可能性中的一种，根据许多其他可能性来解释。这既不是轻率，也不是傲慢——像与博尔赫斯同在一样，它可以与耐心和尊严携手并进。谦卑是至关重要的，因为可能性几乎是无止境的，没有终极的解读。好奇心让读者对这一发现感到欣慰，并陶醉于探索中。"《巴别图书馆》的真正英雄，"安伯托·艾柯 ① 写道，"不是图书馆本身，而是它的读者……在奔波、冒险、无休止地创新。"

真正的魅力

也许好奇心中最重要的是对麻木的存在进行抵抗，这正是早已明显存在的事物看上去是必要的方式。好奇的读者认为文本是偶然的，只是众多选择中的一个。这并不是陈腐批评家的伎俩——指责作者写错了小说或诗的陷阱。相反，好奇心是对创造的柔韧性的一种欣赏敏感，每一件艺术品都是片段。

例如，蝙蝠侠是一个重量级的典型，那个时代的图腾式英雄之一，他的故事被改编、讽刺、模仿了几十年。在超级英雄类型中，各种流行的主角——绿箭侠、月光骑士、钢铁侠——通常被认为是蝙蝠侠的复制品。更不用说官方领域和黑暗骑士相似的角色是来自中国、俄罗斯、法国和澳大利亚的加盟商。如果我们回溯 20 世纪，我们会发现像佐罗、魅影奇侠和让-保罗·萨特最爱的尼克·卡特这样的英雄人物。此外，还有更广泛的侦探小说类型，包括夏洛克·福尔摩斯、博尔赫斯的最爱威尔基·柯林

① 安伯托·艾柯（Umberto Eco, 1932—2016），意大利哲学家、符号学家、历史学家、文学批评家和小说家。——编者注

斯①（Wilkie Collins）和埃德加·爱伦·坡（Edgar Allen Poe）的作品。尽管蝙蝠侠很受欢迎，但他只不过是一本讲述面具人、夜警或侦探的书的一页，书里的人有着超乎寻常的逻辑和昂贵的玩意儿。

一旦这一点得到承认，蝙蝠侠就不再是原来的意义了，而是其他英雄的模板。相反，英雄代表了对读者需求的一个交代；或者，更准确地说，许多交代，正如他以多种方式被描写。蝙蝠侠并不是一个单一的角色，更多的是一系列特征的名字——他们并没有共同的灵魂，而是路德维希·维特根斯坦（Ludwig Wittgenstein）在他的《哲学研究》（Philosophical Investigations）中所称的"家族相似性"。黑暗骑士的大多数化身在年轻时失去了父母，但是蝙蝠侠托马斯·韦恩失去了他的儿子。大多数化身并不杀人，但"该死的蝙蝠侠"把暴徒烧死，然后在他们冒烟的尸体旁边做爱。大多数化身是沉默寡言和冷酷的，但是20世纪60年代的荧幕上的蝙蝠侠则更加健谈有趣。几乎所有的蝙蝠侠的穿着都是黑色、蓝色和灰色，但《彩虹蝙蝠侠》却是一场服装狂欢。每一个故事都是它自身版本的改编，只由改编组成，真实性是由逼真性而不是原始本质产生的。

好奇心不需要以这种方式追溯影响或循环往复。这可

---

① 威尔基·柯林斯（1824—1889），英国侦探小说家，代表作有《月亮宝石》《白衣女人》等。——编者注

能是事实调查，例如，一个义务警员的实际职业生涯。（根
据神经学家 E. 保罗·泽尔所说，在造成严重伤害之前的几
年。）蝙蝠侠品牌背后的法律和伦理冲突可能是传记式的。
显然，它完全不需要涉及超级英雄——这些标志性人物只
是更清楚地展示了发明的作用。根据定义，好奇心往往会
产生不可预测的结果。无论是读艾伦·摩尔（Alan Moore）
的蝙蝠侠，约翰·斯图尔特·穆勒（John Stuart Mill）对自
由的论述，或是伊迪丝·华顿（Edith Wharton）笔下的纽
约上流社会，还是厄休拉·K. 勒古恩（Ursula K. Le Guin）
描绘的龙，我们都要继续关注文学世界的优势。

　　好奇心似乎减少了文学的乐趣，因为它打破了独特或
完美的咒语。它揭示了前因、相似点、议题和简单错误。
当然，我现在读 H. P. 洛夫克拉夫特（H. P. Lovecraft）时也
不会有同样的激动，因为在他的文章中找到了庸俗的仇外
心理的痕迹。随着博尔赫斯的反动政治和随意种族主义的
揭露，我对他本人的纯粹乐趣被破坏。他的非现实世界似
乎和高尚的世界一样险恶。当小说在现实世界的对应物被
展示出来，许多小说的艺术性看上去是牵强的，比如弗吉
尼亚·伍尔夫的《达洛维夫人》或西蒙娜·德·波伏瓦的
《名士风流》中的段落来源于日记。但是追逐这些事实本身
就很有趣。正如休谟所指出的那样，学问就像一场狩猎，
即使我们对这项运动漠不关心，我们也开始关心胜利。他

写道："在行动中，我们如此关注这一目标，以至于我们对任何失望都感到非常不安，当我们……错过我们的比赛。"我不想指责洛夫克拉夫特或博尔赫斯，但我完全满足于追逐我的猎物。

好奇心非但不会破坏特殊性，有时还会强化创新的光环。通过展示围绕任何一个文本的可能性，它们突出了技巧的特殊性：在所有的故事或论点、特征和气氛、情节和短语中，作者采用了这些。詹姆斯·乔伊斯的《尤利西斯》（Ulysses）中从正式的问答到感性的独白；泰德·休斯（Ted Hughes）的《思想之狐》（"The Thought-Fox"）中的"hot"（强烈），以及其生动的暗示："它带着一股强烈而刺激的狐臭。"每一件作品都通过这些选择获得了力量。乔伊斯的这一章不仅仅是对天主教讲堂中的祈祷书令人厌倦的重复。休斯的动物什么也没说，不像梦里那只被烧焦的狐狸，它催生了这首诗（"它说：'住手——你正在毁灭我们。'"）每一部作品都可能已经用其他方式编写过，好奇的读者发现了这一点：在博尔赫斯的无限图书馆的房间里徘徊。认识到现实的魅力需要一种沉思的可能性。

可敬和可畏的

人们很容易赞美好奇心——这是为数不多的被普遍推

崇的现代美德之一。但就像所有的性情一样，它也会犯错。因为好奇心超越了眼前，它会把实际的事情远远抛在身后。我们创造性地阅读，但最后却在远处眯起了眼睛——作品本身变得模糊不清。在文本的细节和作者的选择中，知识的运用成为一种愉快的逃避。好奇心也可以成为避免我们产生好奇的一种方式，一种忽略我们自己的怪癖和缺陷的方法。

以 20 世纪最杰出的哲学家之一马丁·海德格尔为例。海德格尔的主要兴趣是本体论：对存在（being）和"是（is）"是什么进行研究。最佳状态下的海德格尔提供了深刻的惊喜，提醒人们有东西存在而不是空无一物，这是了不起的。哲学家兼批评家乔治·斯坦纳（George Steiner）恰当批评了海德格尔的政治和伦理缺陷，但他把海德格尔描述为"令人惊讶的大师"，这位大师"在显而易见的道路上设置了一个明亮的障碍"。

海德格尔对推动苏格拉底前古希腊哲学家（公元前 6 世纪到公元前 5 世纪的哲学家）的复兴起到一定作用。海德格尔把这些古代哲学家作品中幸存下来的片段，用大胆的新方法——他称之为"原始希腊词语的可靠真相"——来加以诠释。

海德格尔值得注意的学术研究对象之一是伊利亚的巴门尼德（Parmenides）。可以说，巴门尼德是最重要的前苏格拉底时代的思想家，他在公元前 5 世纪初处于鼎盛时期。他对存在的统一性、普遍性和永恒性的反思影响了柏拉图，而柏拉图的知识遗产为西方哲学和神学提供了大量财富。在柏拉图的《泰阿泰德篇》(Theaetetus) 中，苏格拉底对巴门尼德的描述为"可敬可畏"，并铭记他的高尚品德。一代人以后，亚里士多德挑出巴门尼德的"洞察力"的理论，运用部分物理学知识推翻他关于存在的基本观点。亚里士多德还认为，巴门尼德推动了希腊原子论的发展，尽管哲学家们试图推翻他的有力论点。两千年后，希腊原子论激发了启蒙科学家。巴门尼德对西方思想做出了显著而深远的贡献，海德格尔在推动人们承认这一遗产方面发挥了重要作用。

　　然而巴门尼德唯一已知的作品是一首诗《论自然》("On Nature")，有片段存世。这个令人费解的哲人，他挑战了伟大的学者，给我们留下的作品都算不上小册子，在我持有的版本里，只有短短两页纸。段落已散佚，文本的意思亦与往昔相比有出入，几个世纪的复制及再复制造成了很多差错：这里多了一个字母，那里又多了个后缀。除了这些屡见不鲜的错误，现存的诗歌也是以爱奥尼亚希腊方言创作的——这既是译著，也是模棱两可的作品。很多巴门尼德的思想都是用后来的哲学——比如柏拉图和亚里士多德的哲学——来解释的。因此，我们收到的碎片已经在虚构的光环中被研读了几个世纪。

因为它们是以这种方式断裂的，巴门尼德谜一般的碎片激发了大众的好奇心。史学、考古学、语言学、人类学、文学批评、哲学——现代研究者通过专业的研究来填补空白。当然，学术研究可以解释从柯尔律治的《忽必烈汗》到弗兰克·米勒的《蝙蝠侠》的一切问题。但是，前苏格拉底学派使这一邀请更加明显：像碎瓷片一样，碎片需要仔细修复。巴门尼德受到好奇的读者的欢迎，他们喜欢搜索页面之外的可能性。

跨　越

海德格尔将这种探索性的观点类型化，抱怨"粗糙"和"非希腊文式"的翻译没有抓住要点。在《形而上学导论》（*An Introduction to Metaphysics*）中，他于20世纪30年代在弗莱堡大学发表的演讲指出，西方哲学一直对前苏格拉底式智慧进行持续悲剧性的曲解。我们必须读巴门尼德，他说，不是作为18世纪的德国人，而是作为5世纪的希腊人去读。尤其是海德格尔引用了巴门尼德的一个短语，并重新解读为"思想与存在是同一的"。

对海德格尔来说，这句话的通常翻译就是句废话。古希腊人并不认为思想与存在是一样的，这种想法简直就是大实话。他的意思是思想（thinking）与存在（being）是同一的。思维，或希腊语中的"noein"，是对存在的接受性取向；而存在，希腊语中的"physis"，是一种上升后与我们相遇的运动。海德格尔说，做人就是以某种方式接受存在，如柏拉图的形式、亚里士多德的实质、基督教的上帝，等等。每个时代都有自己的解释存在的方式。但这仅仅是因为我们是独一无二的和处于第一位的，因为我们能够把现实作为一种或另一种东西来揭示。事实上，我们就是这些存在的启示：在一片黑暗的森林中的方寸空地。

　　所以海德格尔将巴门尼德解读为失落开端的一部分。他想要表明，苏格拉底前的古希腊学派对存在的问题是多么敏感。他们认为这不是一个明确的想法或事物，而是一种可能性的集合。他在《什么是哲学？》（*What is Philosophy?*）中曾说过，他们被"惊讶"所支配。在柏拉图之后，存在被解释为某种明确的东西：一种理想的形式，可替代的东西或演绎的事实。它失去了它丰富的开放性，变成了完全的人性——海德格尔称之为"形而上学"。海德格尔还认为，这种对存在的遗忘是引发最糟糕的现代文明（战争、技术异化，甚至纳粹主义）的潜在原因。农业产业化、原子弹和毒气室的共同之处是"座架（Gestell）"：世界和我们自己作为一种被控制的物质的集合。对海德格尔来说，这是技术的本质，带来了"世界的黑暗，神的飞离"。在巴门尼德之后是人类的堕落。

这篇提要忽略了海德格尔作品的复杂性，以及它令人
发狂的傲慢的模糊。我在别处讨论过，它传递了其关于真
理、语言和艺术的煽动性观点。而我现在对海德格尔观点
（将文化批评与本体论的历史联系在一起）的说服力保持沉
默。德国哲学家是如何重新解读巴门尼德的，对理解好奇
更具启发性。

在《形而上学导论》中，海德格尔简要地阐述了他对
苏格拉底前的古希腊学派的看法。他意识到其奇异之处，
并认识到它似乎是荒唐和异想天开的。他写到，对大多数
人来说，这看起来像是一个"牵强的、片面的海德格尔式
的解释"，并完全意识到了其带来的讽刺。海德格尔甚至承
认，他的分析缺乏确定性；他认为，与其说这是一种通常
的学术研究，不如说是一种"跨越"。在完成这篇文章近
四十年后，他在一个关于巴门尼德用语的研讨会上说："这
是一个全面、不动摇的真理之心。"海德格尔说他的解释似
乎是"无法证实的"，但这仅仅是对那些没有真正的希腊思
维的人而言。

然而对所有关于原始起源的讨论，海德格尔正在发展
一种相当现代的德国哲学。这是他的导师埃德蒙德·胡塞
尔（Edmund Husserl）告诉他的，胡塞尔反过来也回应了
伊曼纽尔·康德的遗产。正如海德格尔在自传的反思中承

认的那样，一开始便有一些概念和主题驱使着他。他的职业生涯也以他偏狭的天主教童年、新教神学、反启蒙浪漫主义及战争中的德国政治为标志。最令人悲哀的是，海德格尔在苏格拉底前古希腊哲学家的思想中看到了德国复兴的机会，他认同纳粹主义的"内在的真相和伟大"。他也在这些古代思想家身上发现了一种方法，可以避免考虑第三帝国的可怕后果，以及发现了他在政权中的角色。从这种罕见的纯粹存在的角度来看，普通生活的满足和苦难、民主主义和法西斯主义、创造力和剥削，似乎都是很遥远的事情。这些深刻而超然的作品在历史学家理查德·沃林（Richard Wolin）所称的"海德格尔的否认策略"中发挥了作用。

　　因此，这位德国哲学家肯定在巴门尼德身上寻找新的可能性——通常是海德格尔的，而不是前苏格拉底学派的。半个世纪以来，黑森林①的"秘密国王"讲述了一个关于西方文明衰落之类的故事：我们忘记了生存的基本问题。他在巴门尼德的思想中发现的是他自己对这个问题的答案。在别处，海德格尔承认他的阅读是"暴力"的，据说，他对康德的研究得出的结论是康德不靠谱，海德格尔才是优秀的。创造性地解释没有错，重复另一个作者的暗示性词

① 黑森林是德国最大的森林山脉，位于德国西南部的巴登-符腾堡州。而马丁·海德格尔出生于德国西南部的巴登邦。——编者注

语是没有坏处的。但是海德格尔宣称《形而上学导论》和许多后来的其他作品是对古希腊智慧的忠实记录，也是对世界危机的解释。而他的言之凿凿的语气却与证据引用的不足相矛盾。

如果说像博尔赫斯这样的好奇心能够抵制存在的惯性，海德格尔的好奇心则是对难以驾驭的事实的一种独特的排斥。他将巴门尼德的成就搁置一旁，转而支持新的推测；个人的发展前途战胜了现实。

这些都无法抹杀海德格尔的哲学成就。他是一个有影响力的思想家，海德格尔以其特有的方式、极度的好奇，激发了很多的思想者（包括我自己在内）。他的分析表明了一个猎手的决心，不仅仅是在他的乡土庸俗文学中（"这种哲学著作……属于乡野农夫的作品"）。海德格尔追寻语言历史，嗅出晦涩的内涵，仔细观察了几千年来理性的游戏。这是一种强大的思想，并且在不断壮大。在海德格尔的演讲和论著中，休谟看到了狩猎与哲学中的乐趣："运动、注意力、困难和不确定性"。海德格尔本人嘲笑《存在与时间》中的好奇心仅仅是一种懈怠的好奇心（分散对存在的基本问题的关注）。在对巴门尼德的阅读中，海德格尔显露了对文本可能性的浓厚兴趣，这种可能性被隐藏或遗忘了几个世纪。通过这样做，他提供了一个更深刻的可能性理论：存在的基本丰富性的一部分。

但作为一名读者，海德格尔有他自己的狂热。也难怪哲学家在巴门尼德的四页文本中发现了这些证据：是他把它们放在那里的。哲学家汉斯-格奥尔格·伽达默尔写道："任何能够非常清楚地设想各种可能性的人，能看到他想要看到的东西，包括可能根本不存在的东西。"教授对巴门尼德的解释也是如此。在无限图书馆中，海德格尔一直在向海德格尔借书。

对好奇心的好奇

这种冒险的遗忘在学者中更为常见。超越页面的冲动使我们与作品疏远了。我们追逐下一个启蒙的"可能"，却忽略了我们起初读到的文字。

问题不在于打破传统的解释。不要迷失方向或干扰反应——这是创造性阅读的全部内容。小说家扎迪·史密斯（Zadie Smith）打趣说："让别人把蝴蝶递给我们是一种乐趣，这样我们就可以花二十页来证明它是我们的长颈鹿。"问题是把这些创作与作者的成就混淆起来。我们不必温顺地屈从于作家的动机或目的，尤其是当这些动机或目的丢失或模糊时。但是，在我们可以的地方，承认作者的选择是富有揭示性的和公平的。正如俄罗斯哲学家兼文学理论家米哈伊尔·巴赫金（Mikhail Bakhtin）所主张的，我们无法让一个作家对他们所处的环境负责。但是我们可以试着弄清楚他们处于其中所做出的决定。我们注意到这些短语、节奏、结构和主题。我们通过文本来虚构作者，但不是随机或反复无常地构建。正如巴赫金所说的，我们自己设想发言者希望说什么。好奇心在它不再尊重作者的"意愿"时变得可怕。

对学者来说，这种错误常常是布尔迪厄所谓的"学术倾向"的一部分。这类学者认为自己的工作条件是理所当然的。他不仅忘记了自己闲适背后的金钱和发言背后的权势，还忘记了自己思考背后的训练——正如布尔迪厄所说的那样，这类学者"用自己的幻想来诠释代理人"。例如，社会学家和人类学家在他们研究的群体中看到了他们自己的抽象概念。同样，海德格尔在古希腊的研究中也看到了现代德国的本体论。

如果像海德格尔这样的知识分子更倾向于夸张，那么这种基本倾向则更为普遍。这不是审查的失败，而是关注点的失败：当好奇心不足以充分意识到自己的动机时，反思自身，质疑自己的疑问，是好奇心最好的状态。

蝙蝠侠夺走了我作为一个愤世嫉俗的青少年的意识。显然，哥谭市的故事仍然是我成年后的关注点。黑暗骑士世界所吸引我的正是它的悲悯和刺激，还有它的文化力量，它是当代社会的缩影。蝙蝠侠既不是单一的，也不是静态的。有许多母体和变体。如果需要的话，我可以为了娱乐和理性思考每周阅读这些故事。无论历史事实的发现或象征性的分析是多么具有挑战性，阅读《蝙蝠侠》是很容易的。难的是这种好奇心，针对好奇心的好奇驱动着我的兴趣。

小时候，我被蝙蝠侠的正义之怒和求胜的毅力所吸引。但现在回想起来，还有另一种对真理的渴望。比如《家庭之死》，讲述了小丑杀害罗宾，感觉像是这种渴望的开始。那个恶棍用撬棍殴打蝙蝠侠的年轻伙伴，然后把他打死。我永远不会忘记那些令人不安的彩色画面：巨大的红唇映衬着白色皮肤，咧着笑，明亮的橙色背景衬托出紫色钢铁一道又一道的电弧。小丑赢了，这是最令人满意的。不是因为我想让罗宾死，也不是因为我同情罪犯。我相信我面对的是赤裸裸的存在：疯狂、死亡、悲伤。对朝气青年的嘲弄和摧毁，在儿童文学中很少见到。这些问题的基调，对它们史诗般的超级英雄主义来说，都是悲观的。在早期的一幕中，蝙蝠侠和罗宾质问希瓦夫人（Lady Shiva），他们相信她是那个男孩失散的母亲。起先，她笑着表示她不知道。"我把垃圾扔在地球的每个角落。"她冷笑道。在被注射了诱供药物之后，她承认她没有孩子。她含糊不清的"不"完全改变了气氛，从公然的对抗到安静的忏悔。同样，这似乎是启示性的。我不仅目睹了一个巧妙的悲剧情节，也目睹了一个成年人的清算的时刻：一个战士暴露了她未曾有过的生活。对我来说,这是多年社交距离的回报。蝙蝠侠赋予了成年人智慧的自负,一次补齐一块面板。

那么现在呢?正如蝙蝠侠所暗示的那样,也许这种对认知的需要还在继续,只不过是以学术的形式。通过拨开雅俗文化、海德格尔和超级英雄之间的帷幕,我表现出对学术沉闷的排斥。我揭示了年轻和主流的相关性,并花了一定篇幅在嘻哈知识分子的符号资本上。我是大学教职工中缺乏社交能力的人,也是书呆子中自命不凡的哲学家,我在每一个亚文化中寻找特点。在实施这一举措的同时,我揭示了哲学的普遍愿望——一种跨越流派、学科、时代,而不用担心我的学术身份的自信。

这并不会使我对博尔赫斯、蝙蝠侠或海德格尔的解读有误。它只是暗示我学术不必是纯粹的,除了认知努力的乐趣之外,还有不甚和谐的动力。对好奇心的好奇暴露了它自己的混合人性。

耐 心

在白金汉宫很无聊

现在是下午茶时间。女王伊丽莎白二世正在读一本小说，不时用铅笔做着笔记。突然间，沉默被打破了，她说道："哦，继续啊。"女王并不是在责骂女佣（虽然女佣无论如何都会道歉），而是在和作者亨利·詹姆斯（维多利亚时代的小说大师）说话。

这一幕来自艾伦·贝内特（Alan Bennett）的中篇小说——《非普通读者》（*The Uncommon Reader*），这是女王与詹姆斯关系的一个真实写照。贝内特笔下的女王是一位严肃的国家元首，拥有特权，也肩负重任。她算不上是读者，也就是说，她是一个拥有很多书但却很少阅读的人。

女王开启文学之旅仅因为她的柯基犬跑到了一处流动图书馆。为了避免尴尬，英国女王借了一本由艾维·康普顿-伯内特（Ivy Compton-Burnett）写的小说，这书现在已经不流行了。这一本有点"乏味"，她又拿了一本，而这本拿对了，它是南希·米特福德（Nancy Mitford）写的《爱的追寻》（*The Pursuit of Love*）。米特福德的散文以短小精悍而闻名。伊夫林·沃[①]（Evelyn Waugh）称"米特福德的文章让人边看边笑个不停，竟没注意到前方的建筑"。米特福德精准地抓住了贵族的胃口。女王被这本书深深吸引，慢慢地，负责领导国家的女王从社会责任中抽身出来，走向一种奇妙的艺术享受。贝内特对女王的刻画，介于才能与探索之间，既迷人又感人。

但是，女王陛下催促亨利·詹姆斯的画面，不仅仅是对君威和资产阶级文学世界的一种喜剧化描写，而且更具有普遍性。贝内特的描写之所以让人发笑，是因为女王的心急如焚是如此令人熟悉：当遇到长篇的文章或冗长的情节时读者常常会抱怨。

文学巨匠

可以说，亨利·詹姆斯是"迂回之王"。在他后期作品

---

① 伊夫林·沃（1903—1966），英国作家。——编者注

如《金碗》(*The Golden Bowl*)中，他的用词夸张而跳跃，并且语句在经过十分讲究的推敲后才最终表达出来。这个过程结合了对微妙心理的拿捏，而不像明显设计好的戏剧——詹姆斯创作的画卷通常是意识本身。在他作品的很大一部分中，同性恋倾向贯穿其中。和他同时代的年轻小说作家 H. G. 威尔斯曾把詹姆斯后期的小说称作"巨匠寻找鹅卵石"。

比如在《金碗》一书中，女主角的丈夫阿莫雷格（Amerigo）和她的朋友夏洛特（Charlotte）正在寻找一份结婚礼物：

在这之后，他们经常去逛布卢姆斯伯里（Bloomsbury）街道上的一家商店。店主个子不高但很有趣，他从不强求客户买他的东西，靠对品质的不懈追求而出名。因为当你去他店里时，他大部分时间是沉默的，没有那种非常强烈胁迫你购物的感觉。这位有名的店主用他那双非凡的眼睛紧盯着到访的每一个顾客，当有顾客在考虑买哪一个商品时，他总是会出现在顾客面前去引导顾客购物。

以上译文的原文只是一句话。虽然赶不上乔伊斯的《尤利西斯》中莫莉·布卢姆（Molly Bloom）的独白那么长（她的独白超过 4000 个字），但这已经足够长了，而且只是众多长句中的一个。

公正地说，古董商这个人物对小说情节至关重要。这个商人试图把一个有缺陷的金碗卖给阿莫雷格，这代表了作者的一种映射：阿莫雷格与美国女孩麦琪·费弗（Maggie Verver）的婚姻也是一件带有瑕疵的珍贵的物品。这次特别的购物引发了阿莫雷格和夏洛特之间的出轨，几乎让阿莫雷格与麦琪的婚姻破裂。这位商人还见证了这出戏的轻浮开端，而他那平静的热情增添了出轨的氛围。因此，对这个商人的描写，詹姆斯并不是随意而为。

但整篇作品还是拖沓得令人痛苦：从句中的从句、数不清的逗号和破折号，不断地推迟句号。同样，故事本身也是如此的拖沓。在《金碗》出版后，亨利的哥哥威廉·詹姆斯（William James）——一名哲学家兼心理学家，要求他新写一本"没有暮色，也没有霉味"的小说（令人惊讶的是亨利没有写）。亨利·詹姆斯用他的语言和叙事方式继续写作。他还是迂回曲折地描写，不直接表达核心思想。没错，最后他成功了。在《一位女士的画像》（*The Portrait of a Lady*）中，伊莎贝尔·阿切尔（Isabel Archer）和卡斯帕·古德伍德（Caspar Goodwood）之间的亲吻能制造出礼仪上的亲吻几乎很少能达到的高潮。"他的吻就像白色闪电，一闪而过，又扩散开来，停留下来，"詹姆斯写道，"这是非常特别的感觉，当她接受他的亲吻时，她觉得他那粗犷的男子气概中的每一样东西都让她感到非常不高兴。"但要达到这个高潮，就需要在文学创作的路上花费许多时间去摸索。

对女王陛下来说，这种缓慢的逃避是一个问题。她在七十多岁时进入文学殿堂，开始意识到生命的短暂。"这是她有生以来第一次，"贝内特写道，"她觉得自己错过了很多东西。"这一认识促使女王广泛阅读，但也很匆忙。有这么多的书，却只剩这么少的时间，再多花一分钟来欣赏詹姆斯的散文都很奢侈。

在马鞍袋里打哈欠

女王的沮丧主要是由沉闷带来的不适造成的：她觉得看詹姆斯的书浪费时间。她意识到时间的流逝，以及它们与她的过去和未来的关系。她回忆起有希望的开端，并希望能得到一些迅速的结果。同样重要的是，她增加了遗憾和悲伤，同时也迈向自己的死亡。（"在她这个年纪，人们想，何必费事呢？"）

这种熟悉的感觉与时间性密切相关，与我们构建时间的方式密切相关。很容易将时间性理解为一系列的点，比如钟面的标记、腕表上的数字。毫无疑问，这些是必不可少的——使一个星球同步的发明。这使女王和公爵能够没好气地在马车上挥挥手，快速"拾起那已经失去的两分钟"（因为女王陛下忘记了她的小说）。如果认识不到时钟时间及其不断提高的精度，就不可能理解现代生活。但是没有单独存在的时间——只有好多时间。柯基犬和玫瑰、宫殿雇员和学校、城市和巴尔莫勒尔堡都有自己的节奏、周期和变化。时钟时间占主导地位，但它的无处不在只是一种错觉。女王可以在林荫道上切实地挥手，然后准时飞往威尔士进行访问，这是一个全球协调系统，可以模糊她与众不同的人类时间。

在《心理学简编》（*Psychology: The Briefer Course*）中，亨利·詹姆斯持反对意见的哥哥威廉认为，没有单独的一秒钟能够脱离同类独立存在。这是一个抽象概念，它破坏了人类时间的更基本的进步。对我们来说，时间性是一个不断创造的过程：到达、摸索和抛弃自我，向前和向后。威廉写到，我们都坐在一个"时间的马鞍袋"上：横跨现在、回顾过去、展望未来。第一个是在记忆中重建的，第二个是刚刚构建的，两者都在"现在"播放。时钟的嘀嗒声，甚至我们自己对当前时刻的感觉，都是从一种更基本的时间性中产生的——威廉称之为"持续时间"。

这对阅读来说是必不可少的，因为每一个单词都与它的祖先和设想的后代联系在一起。正是因为我们回顾之前的段落，并期待着新的段落，目前的短语才有意义。正是因为在《金碗》开始时就了解到了阿莫雷格的任性，女王才能够预见到他后来的欺骗和不知不觉的失败。威廉写道："我们似乎能感觉到整个时间间隔，它的两端嵌入其中。"

这种与众不同的人类时间也引发了无聊。在读亨利·詹姆斯的时候，女王陛下更意识到时间的流逝，因为她并没有完全投入到这部小说中。她的思想实际上是在自己身上，忙着把生活分成过去、现在和将来。这就是给女王带来单调乏味的独特不适的原因，威廉·詹姆斯称之为"空洞的时间"的沉闷连续。她没有把心思放在文本上，而是面对自己的精神空虚。"一个充满等待的日子，"威廉写道，"似乎是一个小小的永恒。"女王一边啜饮午后的大吉岭茶，一边与詹姆斯的散文"斗争"，不幸地意识到了这种无限——她完全清楚这种日子实际上已经屈指可数了。她说："不想浪费时间，只希望有更多时间。"

因此，完成一部作品的努力只是一定程度上可想象的，即把字母变成世界。这也是失败时所需的付出，是面对感知本身，而不是求助于那些让时光倒流的发明所需的付出。继续读亨利·詹姆斯的作品，从第一句读到最后一句，与其说是社交活动，不如说是与自己的对抗。这个"自己"不是有着有趣特质的完整的"我"，而是标记着时刻的非人化的自动机器。这次会面也可能产生一种尴尬的后果，即死亡的痛苦，正如"现在"的顺序揭示了它的结局。《非普通读者》揭示了阅读可能是痛苦的，因为它使我们受着时光即将耗尽的感受的煎熬。

等待被软化

贝内特笔下的伊丽莎白二世体现了这种不适，凸显出阅读时需要耐心。与勇气或正义不同，这种美德很少被传统的哲学和神学提及。柏拉图在他的《理想国》中赞扬坚持不懈，他写道："我们为自己……保持冷静和忍耐的能力感到自豪。"但这与其说是耐心，不如说是高尚的克制。亚里士多德在《尼各马可伦理学》中几乎没有提到这一点，而是讨论了那些逆来顺受的受难者的"奴性"。托马斯·阿奎那（Thomas Aquinas）在《神学大全》（*Summa Theologica*）中赞扬了耐心，但只是一带而过，更多的笔墨花在了赞扬爱和恩惠上。奥古斯丁在《论忍耐》（"On Patience"）中做了最详尽的叙述，但这篇论文更多的是关于精神上的忍耐，而不涉及女王甘愿忍受的维多利亚时代的高级措辞。

尽管如此，大家还是普遍认为，耐心是对忍受疾病而言，而不用于面对恐惧——换句话说，不是指勇敢。有耐心就是忍受身体上的痛苦，或者奥古斯丁所说的"事物或言语的灾祸或污秽"。正如奥古斯丁所说，对女王陛下，使"叙述乏味"的是她自己的精神时钟的嘀嗒声，而这正是詹姆斯的散文所强调的。

当然，无聊不是文学上的唯一痛苦。仅以亨利·詹姆斯为例，伊莎贝尔在《一位女士的画像》中的没落就让人不安。当詹姆斯在《大使》(*The Ambassadors*) 中给了斯特雷瑟（Strether）一个令人震惊的警告——"尽你所能生活"，会让人产生一种本能的退缩。当詹姆斯给出了一个拙劣的短语时，有一种审美的不快："我有一个神秘的预见，我有多么喜欢黑暗的现代巴比伦，有一天我会成为它。"这句话出自他那篇精彩的游记《伦敦》，谈不上是单调，仅仅是令人厌恶的。通过提供体验，文本也能唤起情感，可以是从烦恼到剔除痛苦的一切情感。正如詹姆斯在《一位女士的画像》的序言中所指出的，在"小说之家"里有无数的窗户，每一个画面都可能引起一些纠葛。诗歌和戏剧、哲学和历史也同样如此。有时我们受苦是因为作者失败了，有时是因为她没有，或者是因为她的话适时地引起了痛苦或愤怒。乏味是围绕文本安插的众多长矛之一——在文字周围砌墙就要冒被刺穿的风险。

这就是培养耐力的原因，不仅是为了耐力自身，而且是为了一些有价值的结果。对阿奎那和奥古斯丁来说，忍耐是一种美德，因为圣人或殉道者为了拯救众生而受到伤害，正如奥古斯丁所说，"正义者的真正忍耐，上帝的爱就是从这种忍耐中产生的"。很明显，女王不会在《金碗》这

样一个通奸和世俗婚姻的故事中得到救赎。但问题已经很
清楚了，宽容是有价值的，因为它有助于做好事——否则
就是顽固或麻木了。西塞罗在他的《论修辞学的发明》（*De Inventione*）中给出了一个简明的解释："耐心是一种自愿
和持续的忍耐，为了荣誉或利益，付出困难又痛苦的劳动。"
因此，读到最后一页是非常重要的，因为阅读整个文本会
收获一些其他途径无法获得的东西。

　　对贝内特笔下的女王来说，任何小说都会看完，因为
她从小就被灌输要有责任感。她对图书管理员说："书也
好，面包、黄油、土豆也罢，在我盘子里的就要吃完。"这
不是一种美德，因为它是一种规则，一种笨拙的规则。但
是，贝内特慢慢地揭示了她之所以勤奋的另一个原因：小
说邀请人们走进他人的内心世界，并且让人更加敏锐地感
受到他们的烦恼。在她指责亨利·詹姆斯，而女仆错误地
道歉之后，伊丽莎白二世说道："不是说你，爱丽丝。"这
是一个值得注意的变化，因为她通常对别人是漠不关心的。
她认为，文学正在促使她变得更富有同情心。这并不意味
着女王的权威会减少，她仍然是这个国家的崇高象征。然
而，对旁人情感的认识软化了她的王室威严。"冒着听起来
就像一块牛排的风险，"她谈到书时说，"它们会软化一个
人。"贝内特揭示了从"我"到"我们"的缓慢转换，这是
当读者被邀请想象另一个人的意识时产生的。女王陛下的

耐心得到了更多的磨炼——这就是西塞罗所说的"体面的
或有利的"回报。

女王的文学启迪并不是说每一件值得看完的作品都是情
感教育。有时乏味的书也会有各种好处。亚里士多德的《尼
各马可伦理学》有史诗般沉重的内容（"物质范畴、质量范
畴、关系范畴、本质范畴都称为善，而事物本身就是善"）。
但我以更高的知识精度阅读了这些文章。在但丁的《天堂
篇》中，我吃力地读了几百节神学经文，读得头昏脑胀。
然而最后，我迎来了诗人的不可思议的结构布局和宇宙慈
悲的启示："我的欲望和意志，像匀速转动的轮子般被爱推
动着，爱也推动着太阳和其他星辰。"在每一种情况下，都
有一些时刻，比起话语，我更意识到自己的无聊，彼时无
聊取代好奇心或狂喜。我忍受着自己意识的冲动。《白鲸》
（Moby-Dick）的悲壮或蝙蝠侠在《闪点》（Flashpoint）中的
黯然悲伤，也是如此。在某些页面上，我只是在消磨时间，
但回报是值得投资的：正如小说家兼评论家迪莉娅·法尔
科纳（Delia Falconer）所说的那样，这是一个"光辉时
刻"，它与其时刻一道发出记忆中的荧光。耐心就是认识到
这个代价，并且有决心付出代价，像充满抱怨的女王陛下
一样。

文学耐心不是说有义务把每一部作品读到最后，忍受
上千条自鸣得意的推文或打油诗。耐心的构成随着文本和

读者而改变。尽管亨利·詹姆斯的散文过于烦琐，但他实际上让耐心变得更加容易，因为文学补偿是可能的。尽管他的维多利亚时期的语言受到种种批评，但这位大师的心理敏锐和审美抱负却得到了应有的肯定。弗吉尼亚·伍尔夫回顾詹姆斯的书信时写道，他的文字洋溢着"对生命的巨大的、持续的、增长的和压倒性的爱"。评论家们会为这位大师在这部小说或那部短篇小说中的功过而争论，但他的作品却颇受尊重。女王坚持下去是对的。

这并不是说我应该欣赏詹姆斯的作品。我可能有心情看一部愚蠢的惊悚片或读一首野蛮的诗。也许因为《地毯上的图案》（"The Figure in the Carrpet"）太令人不安，也许像女王陛下一样，在下午茶时间读《金碗》这样的作品太过劳累。詹姆斯的作品展现了难得的才华，值得忍耐——但未必适合每天、每个读者。没有伦理准则要求人们读他的作品或者其他冗长的作品。但是，如果我的心情还不错，耐心将会帮助我接纳任何给予我的东西。

放下丹·布朗

耐心对于不甚细致或不怎么雄心勃勃的作家来说更为棘手。丹·布朗之类的作者的作品不一定值得我坚持阅读。读他的《达·芬奇密码》（*The Da Vinci Code*）是一件荒诞的事。不是因为布朗的神秘符号或历史谜团，虽然这是标准的惊悚戏码。这部小说十分诡异，因为它既简单又令人苦恼。

缺乏创新和人情味使得布朗作品的故事性降低，文章里几乎完全是陈词滥调和脸谱化形象。《达·芬奇密码》是纯粹的情节堆砌，没有亨利·詹姆斯在语言和心理描写上所呈现的复杂细致。从一个场景转到另一个场景，从一个谜题转到另一个谜题，毫不费力。整篇小说是高度的泛化。布朗的畅销小说非常适合大众的口味，除了他们对短暂逃离的感激之外，这些人几乎没有什么共同之处。

但这也是使《达·芬奇密码》过于紧绷的原因。从第一章开始，我就对那些陈腐的隐喻感到抵触，那些隐喻缺乏鲜明的特色。"沉重的拳头敲打着"。脚趾"深深地陷进"地毯里。当然，浴衣已经"穿上"了。这些熟悉的动词和形容词对成人来说相当于催眠曲：每天都唱的安慰曲调，已经唱了几代人。布朗笔下的主人公罗伯特·兰登（Robert Langdon）是个表面形象。我无法穿透面具进入人物的思想。唯一具有细致心理描写的角色是西拉斯（Silas），一个患白化病的苦行僧。由于布朗的文章是如此平淡无奇，他的人物是如此明晰，我每隔几句话就会停下来。我对心理刺激和贝内特的女王所发现的"软化"的需求毁掉了本可能是无损的乐趣。《达·芬奇密码》是为人类而写的，但不是关于人类的，这毁掉了流畅的情节。我期待小说结束——不是为了达到高潮，而是为了停止平庸。

在这种情况下，耐心不仅取决于作品本身，也取决于我阅读它的原因。把《达·芬奇密码》当作消遣来欣赏是不需要忍耐的。这是一部典型的引人入胜的作品，很容易拿来打发时间。然而，如果我把阅读布朗的文章作为一项研究工作，会很受伤。他的措辞和描述使我不安地意识到自己的死亡。克莱夫·詹姆斯在《愿望》（Prospect）中谈及布朗的《地狱》（Inferno）时写道："你的享受程度终将取决于你参与解码文本任务的程度，揭示出作者未写出的全部内容。"《达·芬奇密码》也是如此。实在没有耐心读完布朗小说中的科学和历史事实，因为专家认为那是废话。这并不完全是亚里士多德的"奴性"或不易怒，但去承受毫无意义的苦痛的意愿是近在咫尺的。

亨利·詹姆斯深谙这一点。在《金碗》中，阿莫雷格对他的旧情人说："一个人脱离接济是极端烦恼的……这需要勇气。"他的想法很简单：保持一个好丈夫和女婿的表象，极力维护自己行骗的权利。但是阿莫雷格在欺骗自己。这充其量算作自私的坚持，谈不上勇气。这位贵族为了一己私利而忍受着沉闷的陪伴。而真正的忍耐会促使阿莫雷格挽救他的婚姻，或者至少结束它。

同样，一个耐心的读者可能会因为巧妙的行文、敏锐的心理描写或渊博的学识拿起一本丹·布朗的小说——然后永远地抛之脑后。

值得抱怨的

　　耐心不是一种迷人的美德，但它是珍贵的，因为阅读的好处从来不是瞬间的。只有通过特定的、连续的短语，作者的思想、心情、故事才能被创造出来；这种观点或痛苦是可以重新创造的。脱离了她之前的那种小心翼翼的态度的铺垫，伊莎贝尔·阿切尔的吻便失去了意义。

　　通过允许其超越舒适的程度，忍耐可以让读者更好地认识自己，认同同情或生动的概念。詹姆斯在他诡秘的短篇小说《故事中的故事》（"The Story in It"）中，描述了一个无聊的读者，他"要求面包，却得到一块石头"。但正如詹姆斯自己指出的，成为一个有眼光的读者，要认识到石头实际上也是粮食，只需要加一点艺术成分就可以食用。阅读《金碗》是一个艰难的过程，但小说结局包含了对成人的成熟最完美的英文描述。为了实现这样的远景，读者可能不得不忍受一种不那么有启发性的观点：当注意力模糊时，他们自己的思想就会出现空洞的节奏。

　　这可以变得更容易。读者会慢慢习惯于绕圈子和冗长的讲故事的方式。为阅读《金碗》做准备大概要从詹姆斯的短篇小说开始，从《欧洲人》（*The Europeans*）到《一位女士的画像》。《地毯上的图案》和《阿斯彭文稿》（*The Aspern Papers*）等故事都是错综复杂的作品，它们提供了微型的大师氛围：社会异类的温室，相互修剪和采摘。威廉·詹姆斯轻视《欧洲人》，将其看作一部"单薄的"小说，弟弟亨利·詹姆斯审慎地同意了。然而，它描绘了一幅令人难忘的新英格兰社会的图景，并预示了许多经典的詹姆斯式主题：新旧世界的对立、因熟悉而被抛弃的幸福、自由的痛苦。这些作品不能简化为文学辅助轮，一旦达到平衡，就要被卸载和抛弃。它们值得阅读。它们也可以拓宽和加深我们的快乐能力——或者至少是理解能力。同样，在柏拉图之后人们更容易忠于亚里士多德，在某些方面，在阿奎那之后人们更容易忠于但丁。不是因为前者过于简单化，而是因为他们有助于后者的杰作的诞生。它们是对某些问题或宇宙概念的介绍。这是先驱，而非启蒙。

除了这种培养，首先需要确定的是为什么变得更有耐心是值得的。阅读有许多理由，从单纯的专注，到加深的同情，到概念上的清晰，再到崇高的启示。我们可以和 H. G. 威尔斯一起消磨时间，也可以和马塞尔·普鲁斯特一起探索。对这些目标感到困惑可能是一个令人愉快的惊喜——寻找爱德华式的刺激，寻找印象派的怀旧。但这些错误也可以缩小，因为它们扭曲了复杂的文学价值。我们是容易麻木的动物，选择很快就会变成平淡无奇的已知事实，经润色的熟悉事物很快就能超越新奇事物。习惯成为其自身的理由，而且越来越难以想象其他类型、风格、主题和角色——更不用说它们的回报了。这是丹·布朗和他那些简单乏味的同类作家的危险，不是因为他们微不足道，而是他们可能在麻木的匆忙中完成创作。他们让我们忽略了为什么像亨利·詹姆斯这样的作家值得抱怨。我们不快乐。

你怎么知道？

艾伦·贝内特的女王担心死亡，害怕生命在读完"打算阅读"的成堆的书籍之前便终结。不过伊丽莎白二世的年龄也是个优势：她很成熟。几十年的人生经历使她有了更多的发现。公开亮相和内部纷争、战时服役和政治手腕、青春的潜力和生命衰老的现实——每一样都增加了她的敏感性。如果她在经历结婚、为人父母、统治国家和悲痛忧伤之前的二十多岁就开始读书的话，女王陛下可能会完全抛弃詹姆斯。

这发生在最明智的读者身上。小说家伊夫林·沃在四十出头的时候创作了一部关于这位文学大师的小说。他说："如果能让亨利·詹姆斯一直在中年时期，该是多么大福气啊。然后，当客人离开，关起门来作为第一个读者独自欣赏《一位女士的画像》。"在这种情况下这是一种压抑而奢侈的刺激——是最近空置的房间内的独特的孤独。但对年轻的沃来说，这是一种全然陌生的欢乐，几十年来一直在酝酿。

其他人尝试得太快了。小说家希拉·凯-史密斯写到，这种"认真"的阅读破坏了她与查尔斯·狄更斯的初次接触。不是因为她还没有做好哭泣的准备——这是在十五岁时经常出现的。凯-史密斯回忆说，她的笑声是幼稚的。"真正的幽默感是成年人的品质，是经验的礼物，"她在《我一生所有的书》（*All the Books of My Life*）中写道，"只有当我们学会自嘲时，才能变得完全成熟。"和简·奥斯汀一样，狄更斯笔下的机智是犀利的，但也是一种指向：直指读者，使其意识到自己的缺点。

从言情剧到讽刺文学，最优秀的作品蕴含了年轻人看不见的精微玄妙。这不仅仅是我们幼稚的趣味改变了，珍妮·迪斯基（Jenny Diski）的辛辣刻薄和马塞尔·普鲁斯特的虚弱衰退都随着年龄的增长而变得有吸引力。这就是说，在我们成熟之前，这些不会从纸面上获得。怀旧、后悔、嘲弄和失落——它们依附于事物，甚至被最天真的话语所牵动。成熟的阅读就是见证一个更加丰富的人类现实。

这并不意味着我们会随着岁月的流逝而彻底改变。正如威廉·詹姆斯在《心理学》中所论证的，而且现代研究也证实了，个性很少改变。我们可以改变行为，并独立地、敏锐地思考。我们不是机器人。但我们也不是完全自由的精灵，心血来潮地越过环境和惯例。威廉称习俗是社会的"飞轮"，它使这个庞大的装置保持运转。虽然机械比喻是笨拙的，但这一点很有说服力。威廉写道："（习惯）使我们所有人都能以我们的教养或早期的选择来应对生命之战，最大限度地追求不适宜的事，因为我们没有其他适合的东西，重新开始已经太迟了。"年迈的女王仍旧是伊丽莎白·温莎。

随着成熟而变化的是经验，这是一个老生常谈的词，它模糊了自身的独特性。经验不仅仅是知识：对事实的确信。这不是成功的诀窍，尽管它有助于这种美德——亚里士多德称之为"phronesis"，实践智慧。这也是为什么这位哲学家认为年轻人——无论是年龄还是心态上的——都应该避免政治研究的部分原因：他们"对生活中发生的行为缺乏经验"。经验是一种累积的渗透。我们不仅仅经历经验，还在自身基础上形成经验。有时是逐步的，有时是迅速的，经验随着年龄增长而增长。贝内特的女王说："其中一个与事件非常接近。"这些都标志着她对事物的感知。

不言而喻，对年轻人来说，年龄带来的经验帮助不大。更有启发性的是，两者对以下的情形都无能为力：孩子无法抽象出成熟的概念，老人也无法摆脱自己的年岁。我们可以或多或少地积累经验，我们可以质疑或接受、面对或压制。但是，我们不能避免、伪造或合成其基本的变革力量——它必须如此。即使当我们懒散地生活或逃避冒险时，我们也会获得"加深的动机和累积形成的性格"，正如亨利·詹姆斯在《大使》的序言中所说的。

作为读者，这需要双重耐心。最明显的是，我们必须忍受这些作品。作为一个十几岁的少年，我大概领会不了《金碗》的内容。如果我容忍詹姆斯的天马行空，认识到阶级和地位的微妙迹象，我仍然会觉得格格不入。是的，我生活在婚姻不和谐的环境中——残暴的和敏感的、直接的和间接的——但仅仅在小时候如此。见证一场婚姻的破裂是一回事，感受到束缚或断裂是另一回事。如果我拿起了这本小说，或者更糟的是，在高中时期看了它，我就会由于自己的天真而责备这位大师。那样大概不会有耐心读完《金碗》，只会将其丑化成不切题的作品。

更重要的是，过早阅读《金碗》会剥夺我之后的快乐和顿悟——像沃一样，我现在以一种不受外界影响的满足感看起詹姆斯的书来。这是较不容易被发现的耐心：当作为读者时，对自己的耐心。因为我们不能捏造经历，我们只能等待。可能因为心境而等上几周：在经历初为人父带来的失眠时，是黑格尔的《小逻辑》将这一心情搁置一边。可能因为年纪等上数十年：彼得·波特（Peter Porter）的

《随意年龄歧视诗》透露出不合时宜的预言（"身体美得惊人 / 好出风头的你才十九——/ 怎能知道，是皮是骨 / 在光辉中枯朽？"）。书面文字能够增加阅历，但不弥补岁月摧毁的、失去的、磨蚀的、美化的一切。忍耐是必须的，因为我们是不完整的存在，不完整会随着时间变化。耐心的读者保存大量的书架，愉快地在其间漫步，直到他们的人生阶段清空了书架。

勇　气

未完成的忍者

　　十一岁的时候，我喜欢每天冥想：盘腿坐在黑色的皮沙发上，眼睛盯着散文的曼荼罗①。一只手将骰子扔在擦亮的铁艺玻璃咖啡桌上。另一只手拿着六本平装本中的一本叫作"老虎之路"（The Way of the Tiger）的书——以坚强的忍者为主人公的冒险故事系列。第一部叫《复仇者！》（Avenger!），终篇叫《地狱！》（Inferno!）。我在这些故事上花了很多时间，产生了在课堂上没有过的一丝决心和喜悦。

---

① 曼荼罗（mandala），梵语，在宗教领域中意为聚集、轮圆具足。在心理研究方面，意思是圆，寓意着整体。——编者注

用铅笔在拳头上写字，扔飞镖，还有魔戒，我不再是个傻孩子了。我是《复仇者！》的主人公，掌握了许多武器和一些台词。（"我的策略是一只脚在另一只前面。"）在放学后的几个小时里，这个系列使我成为一个"非武装作战的夺命大师"。我用一些幻想的场景来攻击或调整自己，我的角色很平衡：聪明又谨慎、善良又残忍、沉着又果断。（有时我甚至避免欺骗。）鉴于它们的风格，《复仇者！》以及它的续集难以置信地启发了实现愿望类作品。

愿望实现了。这位黑衣英雄英俊、危险、才华横溢。"作为死亡的使者用你的技能，让世界摆脱恶人，"我读道，"就像所有真正的和平信徒都必须做的那样。"第四本书中，我的忍者化身成一个城市的统治者和他自己的神的救星。（确实如此。）与此同时，我是一个笨拙的乡下人，和女孩们小声交谈，用枕头捂住耳朵，隔绝我父亲早晨的叫喊声。正因为如此，我才求助于幻想：给人一种控制的感觉，间接地享受着快乐。我躲在幻想世界中。

《地狱！》，"老虎之路"的最后一卷，促使我有更多的勇气去阅读。这主要与故事的结构有关。前五本书的结尾都有一个直截了当的结局：一名刺客被一颗灵活旋转的忍者星击中，一个篡位者被凌迟。"当……人群尖叫着赞美，"《篡夺者！》（Usurper!）的结局写道，"你看到未来的日子将是对你智慧的真正考验。"这个信息很简单也很讨人喜欢：凭着汗水、理性和善良，我注定要征服。这是一种常见的文学幻想，在这种幻想中，道德上的卓越和毅力创造了胜利——或者至少是虽败犹荣。总是有一些最终的阐明。但是在《地狱！》中，每一个决定都有相同的结局：被困在一张可怕的网中，等待蜘蛛啃噬我、吸干我。"在第七层，你将是邪恶女王的一小块美食，"我读着，不相信，"除非你能控制住自己的绝望，以某种方式摆脱它最黑暗的阴影……"注意这种莫名其妙而又令人充满期待的省略。结局的缺席是可怕的。我既不是胜利者也不是失败者，不是救世主也不是殉道者。

重点是，这不是普通的无知，好像我刚刚误读了一条决定性的路线。（"当你发现装有虫子的容器在你的腰带上泄漏的时候，你在内心深处会微笑……"）结论并不是一个廉价的寓言——例如，个高深的佛教故事，蜘蛛网象征着渴望和蜘蛛象征痛苦。作者没有为了吊足读者的胃口以便让他们继续购买而以一个廉价的悬念结尾。然而没有下次了。这是结局，但又不是，令人抓狂。这困扰了我好几个月。

拼命寻求统一

我的不适有一个直接的心理原因。正如约翰·杜威所说，我们是有节奏的生物。生活充满节奏：扩张和收缩、吸气和呼气、出发和到达。他在《艺术即经验》（*Art as Experience*）中写道："人类的能量聚集在一起，释放和积蓄，受挫和获胜。有欲望和满足的节奏，有行动和被阻止的冲动。"在所有这些努力中，存在一种争取实现的努力，这是令人愉快的。我们寻求统一，一种开始和结束整个事件的感觉。这一基本的生理和心理原则也适用于包括文学在内的艺术：我们期待完成。背景故事延伸到最后，就像后记延伸到序言一样。这种情况发生在句子中，一个分号接着一个分号，句子引向一个特定的停顿；每章都是从前提到结论；在小说中，主人公从新手成长为霸主。杜威说："艺术以一种特殊的强度来宣告，过去巩固了现在，未来加快了现在。"

杜威认为，那些强调文学的结论能够给人一种深刻的成就感，这是杜威所描述的"完全呈现"。而没有这种有机节奏的生活是如此难以忍受，我常常会把结局插入未完成的状态中。正如弗兰克·科莫德（Frank Kermode）在《结尾的意义》（*The Sense of an Ending*）中所指出的，即使是时钟的持续嘀嗒都是沉重的——我不得不引入"哐当"，以使时间具有某种令人满意的形状。

这就是为什么我在知道《地狱！》的不可改变的结局时需要一点勇气来重读它。从心理上说，这是很伤人的。

书完结了，但故事没有完。没有"完全呈现"的时刻，只有我的不安。我不得不踢半兽人，向地府的恶魔掷飞镖，像济慈在给兄弟们的一封著名信件中所说的那样，"在事后急躁"。因此，勇气并不在于掷骰子选择去留，而在于愿意在没有强大决心的情况下继续努力。如果我在焦虑面前畏缩，则是怯懦的。如果我陶醉于这种悲怆，则是鲁莽的。勇敢在于缺乏结局的无趣邂逅。

这一点很重要，因为生活总是包含着一定程度的不完整。我们生于诗人贺拉斯（Horace）所说的"中间（in medias res）"，即在事物的中间。我们以同样的方式在呼吸、季节、手稿中死去。虽然存在被降生和逝去所打断，但这只能由其他人观察到。我既没有看到自己生命的入口也没有看到它的出口，各个阶段都是真实而模糊的——成年由童年草草写就，青年由年龄修改校订。我的身体本就千疮百孔，总是卡在出世与入世之间。正如怀特海在《思维方式》（Modes of Thought）中所观察到的那样，身体是一个统一体（也许是特殊的统一体），但它边界"极端模糊"。这没有涉及各种失败的蹒跚：未完的篇章、部分的争论、一半的记忆。正如杜威所指出的，结局是有的——但很少像我想象的那样多，而且永远不会持久。总之，不完整是不可避免的。事情停止了，却并不总意味着终结。

通过重读《地狱！》，我学会了忍受这种没有最后的结果的现实。在这样做的过程中，我面对的是一个与大众文化格格不入的世界。除了邂逅本身，没有任何回报，因为它是徒劳无力的。在那个男孩倔强的表演中，有一种新的哲学能力：愿意把我对缺陷的不可名状的恐惧搁置起来。

推翻内心的暴君

亚里士多德大概会质疑这种文学勇气的观念。他认为只有士兵是真正勇敢，因为战士明知危险，依然甘愿为了自己的国家赴死。亚里士多德说，死亡是"一切事物中最可怕的"，而闲暇的阅读既不可怕，也没有政治上的高贵。对亚里士多德来说，只有我虚构的复仇者才是勇敢的，因为他为他的王国献出了生命。如果我表现出一些勇气，那完全是隐喻性的。

这是亚里士多德的贵族偏见之一：从公民劳动和家庭劳动中获取勇气，并将其留给勇士。直面死亡是一种真正的美德，但如果没有平民的支撑，没有关心彼此且关注自我的公民，没有面对恐惧来捍卫珍视之物的公民，人类就无法蓬勃发展。正如麦金太尔在《追寻美德》(After Virtue)一书中指出的，"一个切实在乎伤害或危险而且没有能力去冒险的人不得不把自己称为……懦夫"。所以"老虎之路"是一种看得见的勇气，并提醒大家要有勇气。它代表着为了实现某种美好结局而经受苦痛的意愿。

　　但结局是什么？避免对控制和确定性的欲望。复仇者这样的英雄需要对手：用武力或诡计进行统治的暴君。他们不仅仅是残暴野蛮的——每个士兵都使用武力。此外，他们有一种对权力的狂热。这无疑是"老虎之路"系列的真实写照，其中最大的敌人就是有帝国野心的暴徒。虽然更精彩的故事中有刻画更细致的恶棍和反派——从但丁的《地狱篇》中的奥德修斯到艾伦·摩尔的《守望者》（*Watchmen*）中的奥兹曼迪斯（Ozymandias）——这种对控制的渴求常常是邪恶的特征。反派不只要领导：他们要的是统治或渴望统治。

　　这种统治是邪恶的——而不是善意的或者良性的——因为其逻辑纯粹是工具性的。反派将一切视为达成目的的手段，不论这东西是剑还是人，不论在哪。而目的本身就是他们的终极秩序，一些完美的愿景，使每一次粗鲁的虐待和微妙的诡计合法化。有时这是无私的利他主义：一个领导者为普遍自由、真正的幸福、上帝之城及其他的抽象概念而统治。有时这是为了荣耀：一个统帅的王朝幻想。无论哪种方式，人类都会成为完美蓝图中的木材和钉子。正如以赛亚·伯林 ① 在他的优秀散文《理想的追求》（"The

---

① 以赛亚·伯林（Isaiah Berlin，1909—1997），英国哲学家、观念史学家和政治理论家。——编者注

Pursuit of the Ideal"）中所说的，"最终解决方案的可能……被证明是一种幻觉，而且是非常危险的幻觉"。

在这种情况下，反抗暴政需要的不仅仅是强健的体魄和军事决心。还需要不甚狂热的觉悟，也就是说不贪图统一，抵制圆满完成的欲望。在刀片被拔出之前，这需要勇气，为了一个更诚实的头脑而忍受不安。拿起《地狱！》，年轻的我学到了复仇者无法获得的一课，即使他有明了的使命和超人的意志。面对默默无闻，我不得不扼杀我内心的壮志。

寻求歧义

不是每个人都需要一个忍者来实现这种文学解放。事实上，这种类型的大多数故事都以完结（漂亮的胜利或大灾变）告终。最受欢迎的武术小说之一，艾瑞克·范·勒斯贝德（Eric Van Lustbader）的《忍者》（*The Ninja*）是东方神秘主义的入门书，但它仍然准备了一个反派死亡的清晰结局。从爱情片到西部片，再到惊险片，每一种类型都是如此。玛丽安（Marianne）在《理智和情感》（*Sense and Sensibility*）中得到她的上校；在赞恩·格雷（Zane Grey）的《紫艾草骑士》（*Riders of the Purple Sage*）中，简妮·威瑟斯汀（Jane Withersteen）放弃了摩门信仰，获得了枪手拉西特；詹姆斯·邦德（James Bond）抓获了布罗菲尔德（Blofeld）。

这种统一是一种无处不在的快乐，而不仅仅是在小说中。在《思维方式》中，怀特海认为现代哲学有过虚假终结的历史。学者们忽略变化性、模糊性和关联性，倾向于"清晰和独特的感观印象"，找到了清晰的结论。他并不是说这些是错误的，而是说它们是从更复杂的宇宙中抽象出来的。要为怀特海更微妙的宇宙放弃清晰的事实需要一定的毅力。（也许他的宇宙，连同其巨大的连通性，本身就是一个虚构之物。）培养这种勇气有助于找出含糊不清的文本——这些作品巧妙地暗示了一个未完成的世界。这些必须被体验，不是作为失败的娱乐，而是诚实的练习。

亨利·詹姆斯的短篇小说《地毯上的图案》是一部具有暗示意义的杰作，没有简单的结论。叙述者是一位年轻的文学评论家，他关于受人尊敬的小说家维里克（Vereker）的评论被小说家本人宣称为"胡扯"，这让他感到羞辱，然后小说家安慰他说每个人都错过了他小说中的"小要点"。维里克说，他所有的作品都是用这种"特定的线索"连缀的，"珍珠就被串在上面！"但是没有一个读者发现它。线索是什么？维里克没有说，而是笑着劝年轻人放弃。叙述者花了一个月的时间阅读小说家的所有作品，但一无所获。他一直盯着地毯，却没有发现任何图案。他告诉他的朋友兼同事乔治·考维克关于作者的重大秘密。他也感到困惑，但好奇心也同样强烈。几年后，乔治从印度打来电报："我发现了，巨大的。"乔治把他的突破告诉了他的未婚妻格温德琳（Gwendolen），然后就过世了。由于没有详细阐述每一个线索，最后的结局只是一个悠长的悬念。维里克、乔治、格温德琳每个人都收到了詹姆斯从未透露的美妙的东西。"这是我的生活！"格温德琳说，并没有继续说下去。叙述者只剩下"惊愕与好奇的思绪"，以及其他人的痛苦带来的可怜安慰——詹姆斯在他的读者中悄悄引起了这种状况。

一种更为深奥的途径是否定神学，研究什么不是神性。在他的《神秘神学》（Mystical Theology）中，伪丢尼修（Pseudo-Dionysius）修士拒绝透露神是什么。狄奥尼西在 5 世纪末或 6 世纪初写道，神无法被思考到、说到或感知到。然而狄奥尼西哲学的基本思想是统一，这正是我们时常渴望的。圣父、圣子和圣灵是绝对一体的，这是万物的善、起源和巅峰。上帝是完美的：不仅仅是完美的实物，而且是完美本身。但是正是因为这种绝对的整体性，狄奥尼西说，上帝是超越我们的。虽然我们可能使用诸如"统一""完美"和"绝对"之类的词，但这些只是我们用来表现无限大的事物的有限符号。狄奥尼西建议像雕塑家凿大理石一样去使用语言，只留下"隐藏的美的雕像"。然后，他列出了上帝所不代表的一切，包括"善""灵""神性"，以及他自己使用的许多其他词语。最终的结果是，上帝，唯一的完美和光明，变成了一个空洞的黑暗——狄奥尼西所说的"神圣的黑暗"。这种观点与世俗思维格格不入，但狄奥尼西不仅影响了托马斯·阿奎那，也影响了天主教会和像海德格尔这样的现代哲学家。对无神论读者来说，不仅想象上帝是个挑战，而且在是与否的奇怪的状态下想象他也是个挑战。少了火焰中的荆棘①和青蛙雨②，多了奇怪的同时性。

可以说，最富争议的是诗歌。诗歌在感官暗示和直接表现之间具有张力，可以放松对意义的严格把握。有些作品比其他作品更平淡无奇。亚历山大·蒲柏的诗歌在节奏、韵律和幽默方面都很有魅力。但他的诗歌是很容易理解的，蒲柏认识到了这一点。他的话显示出他所谓的"真正的机智"："着装得体的自然 / 人们经常想到，但从未如此恰当表达的。"蒲柏以韵文写作，但他用得更多的是瓦莱里的透明玻璃而不是琥珀。

现代英国诗人蒲龄恩（J. H. Prynne）的作品靠近书架上的蒲柏的书，但几乎呈现的是另一个完全不同的世界。

---

① 火焰中的荆棘（burning bushes），出自基督教《圣经·出埃及记》。——编者注
② 青蛙雨是圣经中记载的十大灾难之一。——编者注

虽然他的诗风格各异，但多数拒绝任何简单的解释。那些诗令人回味——通常是难以抗拒的。与蒲柏的《论人》（"An Essay on Man"）不同的是，它们不能被翻译成某种明确的信息。读蒲龄恩的《月亮诗》（"Moon Poem"），我有一种感觉，有人越过了自己的界限——或者希望越过自己的界限。蒲龄恩写道："天的确很黑，对未知的了解是一种温暖，它蔓延到扩散的层面上。"这首诗反映了现代自由的谬论，暗示我们比自己所相信的更具可塑性和可操纵性。"我们散开，"他继续说，"像波浪一样散入苍穹。"但我在这里的总结过于简单。蒲龄恩的诗含有许多主题——运动与静止、个人与群体、意志和习惯——但没有一个是确定的。即使蒲龄恩自己在每一个版本中插入了一个"知识指南"，这种含糊不清的表述依然存在：词语超越了他的意图。（蒲龄恩本人认为"诗人的声音"不是"诗的声音"。）

詹姆斯、狄奥尼西和蒲龄恩是著名的，但不是孤立的。关键是要刻意追求反对简单解决方案的文本。对我来说，这种追求从坚忍的复仇者开始，继以诗歌、小说和哲学。无论是松尾芭蕉（Matsuo Bashō）的俳句、博尔赫斯的短篇小说，还是海德格尔或伊曼纽尔·列维纳斯（Emmanuel Levinas）的论著，都有这类表意含糊、含弦外之音的作品，这需要我坚持不懈地度过最初的尴尬。这并不否定杜威的统一性，我所喜欢的美妙节奏。它促使人们意识到这些冲动，并在必要时灵活地避开它们。阅读可以鼓励更丰富的英雄主义理想：不仅仅是支配他人，而且是支配着自己的统治欲望。

一双粗糙的爪子

作为一个青少年，我失去了勇气。我在空手道课上表现出复仇者的血性。但作为一个读者，我变得懦弱了——我渴望控制。

这在一定程度上是逆反。高中给我的印象是刻板、肤浅的，而且——也许最糟糕的是——枯燥无味。死记硬背的学习、疲惫不堪的老师、自鸣得意的从众氛围——文学成了负担，而不是令人激动的事物。我读过伦纳德·伍尔夫的回忆录《播种》（*Sowing*），他对圣保罗预科学校的描述已经为人熟知："我很惊讶……发现人脑能够在干燥、腐蚀、发霉、沮丧的环境中生存下来，每天七八个小时接受所谓的教育。"我通过与这个炼狱对立来应付它。如果受欢迎的学生是认真、勤奋、乐于合作的，我必然是懒惰、顽固、桀骜不驯的。我从来都不是一个冷静的反叛者——这个形象超出了我的能力。相反，我笨拙地呈现出两个世界中最糟糕的形态：懒虫的懒惰，不善于表达者的疏离异化。

这种笨拙的局外人姿态破坏了我童年的快乐：言语。小说要求真挚和宽容，所以我以讽刺和嘲弄的态度回复。

短文需要仔细分析，所以我轻率地拒绝分析。我读过，但它没有存在的意义。在阅读（和重读）《地狱！》的几年里，我不再是一个读者。

对承诺的恐惧毁了我的藏书癖。如果我认真对待这些作品，我会经受更多的不确定性和心理上的痛苦。对一个长期暴怒的男孩来说，许多小说都是陌生的，而且是用粗俗的方法教授的，这无济于事。但这种疏远主要是我自己的原因。致力于阅读教学大纲上的获奖作品，就是在那些拒绝我的机构上耗费精力。最好保持超然，避免自己失望或遭受轻蔑。

我经常阅读漫画，而不是小说或诗歌——它们直截了当地给予了我满足感。我订阅的其中一本是《恶灵骑士》（*Ghost Rider*）。名义上的反英雄，用其燃烧的头颅，将罪犯们逼入悔恨的深渊。他用"审判之眼"看着暴徒们的眼睛，使得他们尖叫、哭泣。每个月我都会撕开塑料邮寄单，准备好享受正义的暴力带来的乐趣。一个典型的叙述："四个年轻人已经感受到了恶灵骑士的审判之眼施加给灵魂的煎熬，剩下的两个在向一个绝对不可能救他们的人恳求怜悯。"以恶灵骑士的警戒行动①为骄傲是容许的，因为他只是惩罚坏人。

---

① 认为警方治安不力而自发组织的警戒行动。——编者注

回顾《恶灵骑士5》，故事并不总是肤浅的。它们经常思考统治的道德困境，以及存疑的复仇牺牲。但我用漫画作为达到目的的手段：它们是一种逃避怀疑和软弱的手段。

十七岁时，在英国文学中，我遭遇了阅读低谷。回想起来，T. S. 艾略特（T. S. Eliot）的诗《普鲁弗洛克的情歌》（"The Love Song of J. Alfred Prufrock"）对我来说是完美的。我不是艾略特笔下的波洛涅斯（Polonius），秃头，卷着裤腿。但是普鲁弗洛克谈到了我的粗鲁和犹豫。"那么我该开口吗？"他一直在问，"我该如何开始？"艾略特的措辞很精湛，语气却很尴尬。普鲁弗洛克觊觎客厅里迷人而自信的女士，想知道如何接近她。但是，在滔滔不绝地说了这么多之后，他可能还是失败了："这值得吗 / 假如她放一个靠垫或扔下披肩，脸朝着窗户，说 / 那可不是我的本意 / 那可绝不是我的本意。"这是我青春期的问题，我的回答首先是"不"。心理风险太大，无法尝试。因此，尽管我平时喋喋不休，可我对重要的问题保持沉默。和普鲁弗洛克一样，我的担心变成了羞愧和拒绝。和普鲁弗洛克一样，我有哈姆雷特的犹豫，但没有他的伟大。我的个人肖像与艾略特的著名比喻并无二致："我应该是一对粗糙的螯 / 穿梭在平静的海底"。

讽刺的是，这种恐惧使我远离艾略特的诗。我嘲笑他的话语和他们的课堂环境，包括我的老师：双腿在膝盖处

优美交叉，像念修道士的咒语一样重复着"咖啡勺"。我坚
持文学颓废的陈词滥调。艾略特风格的神秘珍贵，但丁意
大利语引言的势利，我老师（已婚）可疑的性取向——这
些都是虚构的，但它们使我拒绝了这篇文章。我利用收集
到的所有男子恬淡寡欲的比喻来疏远这首诗。我是普鲁弗
罗克，又抵触普鲁弗罗克，同时还活在恶灵骑士的漫画里。

几年后，大学本科期间，《普鲁弗洛克的情歌》成为我
最喜欢的诗歌之一。我在艾略特的诗中看到了自己，这是
解放：赋予更平凡的脆弱以优雅。我意识到弱点是很常见
的，但是可以用强有力的、持续的智力努力来阐明。艾略
特造成了普鲁弗洛克的犹豫不决。正如克莱夫·詹姆斯在
《室内音乐》（"Interior Music"）中指出的，"普鲁弗洛克"
的部分内容几乎不像诗。但这是艾略特的成就，塑造出啰
唆愚蠢的性格，用极其精确的语言来描述他。用詹姆斯的
话来说，这是一篇"内部经过精心设计和提炼的散文，水
平如此高，以至于变得十分耀眼"。作为一个自由自在的哲
学系学生，我有足够的勇气更仔细地阅读《普鲁弗洛克的
情歌》，并在它的光芒下审视自己。

虽然《普鲁弗洛克的情歌》不是为了减轻十几岁男孩
的不满而写的，但它可能对我有所帮助。然而，由于我的
普遍性疏远，我高估了艾略特的诗歌和文学的危险性。我
的恐惧被夸大了。正如亚里士多德指出的那样，懦夫不仅

仅是害怕，而且是错误地害怕：害怕无害的事物，害怕轻微的威胁，或者因为恐惧而丧失行为能力。"他缺乏……自信，"亚里士多德说，"但最明显的是，在痛苦的情况下，他被视为超越他人。"我相信广博的阅读，在全身心地投入的情况下，会比它更痛苦。事实上，我把援助和危险混为一谈，这确实增加了我的不安。尽管我自鸣得意，但我对艾略特的解读却是缩手缩脚的。

自　欺

人们很少讨论阅读中的胆怯，部分原因是恐惧常常是一种受欢迎的兴奋剂——加速的心跳为夜晚增添了激情。像克莱夫·巴克（Clive Barker）的《编织世界》（Weaveworld）这样的小说呈现出一些精心打磨的令人反感的瞬间。我十几岁时读过巴克的几部作品，经常被他的超现实的污秽和血腥场面吓到。但我的热情从未真正熄灭。在我阅读时这种恐惧一直存在，看完书后只继续留存了一会儿。这种替代性的恐慌让我兴奋，但从未威胁到我的心理安全。读巴克的作品无须勇气，因为没有危险。许多流行的恐怖小说或惊险小说也是如此。他们唤起的恐惧是用来享受，而不是克服的。

所以，懦弱并不是逃避血腥或怪诞的故事，而是以一种逃避风险的方式阅读。这可能是在痛斥一首像《普鲁弗洛克的情歌》这样承认不确定性的诗。这可能是在回避一些涉及个人悲剧的叙事主题：亨利·詹姆斯的《梅西知道什么》（*What Maisie Knew*）中的家庭创伤，拜厄特（A. S. Byatt）的《静止的生活》（*Still Life*）中同伴的死亡，或者夏洛特·伍德（Charlotte Wood）的《动物人》（*Animal People*）中平庸的失败。像海德格尔的《存在与时间》这样的论文可能会变得无关紧要，因为它暗中破坏理性个人主义的基础。重点是，胆怯是每个读者自己培养和发现的东西。这取决于最能引起畏惧的事物。懦夫拒绝接受真正可怕的东西，更准确地说，拒绝想象可怕的事情。这是一种文学压抑。

让-保罗·萨特将懦弱的阅读称为"自欺"。在《存在与虚无》（*Being and Nothingness*）中，萨特反对源于弗洛伊德（Freud）的传统压抑思想。这种旧观念认为，读者有一种隐藏的冲动，想要逃避一些清醒时完全不知道的事实。例如，我发现艾略特对沉默的沮丧的描写过于情绪化。但弗洛伊德学说认为，这种冲动几乎不属于我，而是属于另一个模糊的我——无意识的我。萨特指出，我必须确切地知道我否决了什么令人不安的事情，以便防止它出现。我必须知道我正在禁止这种想法，所以我也可以否认这一点。"审查员必须做出选择，"萨特写道，"而且为了选择必须意识到这一点。"这是自欺，因为我在否认自己：否认的不仅仅是我自己，而且是我成为另一种可能性的自由。萨特赋予了意识太多的透明度，但他的压抑观解释了文学懦弱。这当然是我的幻想：我既不是普鲁弗洛克，也不是那个否认自己是普鲁弗洛克的男孩。怯懦的读者不仅否认令人不安的事实，而且还否认某些自由。书中的文字被嘲笑、谩骂或干脆被忽视，因为这并不像存在的罪责那么可怕。

懦弱的阅读不仅错过了理解的机会，而且也是对情绪或观念的浪费。这是一个反思心智机敏的机会：当场捕捉一个畏缩的头脑，因为它假装不自知。

骄 傲

福音谎言

白色的棉衬衫紧贴着他的身体，稀疏的头发向后梳着，尼科斯·卡赞扎基斯正俯身看着他的手稿。对他的思想来说，他的手动作太慢了，搞得希腊文字都变形了。他的妻子埃莱妮开玩笑说这是一种"新的个人速记法"。虽然注意到昂蒂布①的魅力——"大海闻起来像熟透的水果"，但卡赞扎基斯不是在度假。他不愿忍受民族主义者、希腊右翼势力，也无法访问美国，只能在法国地中海沿岸地区积极地工作。他的小说是对基督教热情的现代复述。1951 年 6

---

① 昂蒂布（Antibes），位于法国东南角地中海沿岸。——编者注

月，他对朋友伯杰·克诺斯（Börje Knös）说道："我深深
地沉浸在《基督的最后诱惑》（*The Last Temptation*）的喜悦
和痛苦中，无法抬起头来。月亮变得明亮起来，像闪电一
样逐渐消失。"

卡赞扎基斯在福音故事中加入了个人利害关系。他认
同他所说的"基督的双重本质"：肉体与精神的冲突，以及
由此产生的所有矛盾。毁灭与保护、主动与被动、革命与
反动——卡赞扎基斯笔下的耶稣具有了所有这些特质，这
是一个创新的象征。这种创作冲动是他每天的信条，而基
督是其原型之一。在写这本小说的时候，作者承认在工作
时哭了，这是他后期的一本小说。他写道："我从来没有像
在我创作《基督的最后诱惑》的日日夜夜那样怀着如此恐
惧、同情和崇敬的心情关心基督到受难地的血腥旅程。"

卡赞扎基斯小说的前提在今天的许多人看来似乎是荒
谬的，一个夹在两个世界之间的作家的私人神话。当然，
他的基督故事，像他的许多作品（玄学派戏剧，在 19 世纪
叙事风格的舞台上，引人注目的是令人眼花缭乱的形容词）
一样，可能看起来已经过时。但《基督的最后诱惑》故事
本身，以及它在希腊和国外的反响，是针对狂想阅读的一
个生动的研究，即当骄傲堕化为自负时，是什么被浪费了。
总的来说基督教有很多相互冲突的解释。这种宗教冲突让
即便是最虔诚的读者都看清本质。

缺　席

　　尽管卡赞扎基斯关于耶稣受难的小说已经过时，但即使在今天，它仍是激进的。它呈现了基督的内核、脆弱的人性，随意改变了经典。卡赞扎基斯经常写"上帝"，但这是一种形而上学思想的诗意表达。他更受到弗里德里希·尼采、亨利·柏格森①等人的世俗思想的影响，而不是使徒保罗的影响。

　　然而非正统的思想并没有使卡赞扎基斯反宗教。有一次，他在一个偏远的山区修道院待了四十天，致力于思考神学问题。他阅读了许多涉及圣徒的生活和拜占庭神秘主义者的东正教著作。《基督的最后诱惑》是一种记录，不仅是对美的追求，更是对人生精神奇遇的记录。"我确信，每一个读过这本书的自由人，"他写道，"都会比以往任何时候更热爱基督。"卡赞扎基斯对耶稣的描绘充满激情、真诚和技巧。坎特伯雷大主教罗恩·威廉斯（Rowan Williams）说，这是一个以各种有趣的方式都应归入基督教话语体系的人。

　　正因为如此，这部小说值得基督教权威做出深刻的回应。当然，他们也在肉欲与空灵、惰性与热情、家庭生活与神圣博爱之间打过这场战争吗？少数来自东方和西方的

①　亨利·柏格森（Henri Bergson，1859—1941），法国哲学家。——编者注

神职人员，与卡赞扎基斯通信，同他争论。但最常见的回应是义正词严的拒绝。梵蒂冈将《基督的最后诱惑》列入了禁书目录，希腊东正教主教们发起了一场将卡赞扎基斯逐出教会的运动。用卡赞扎基斯的话说，美国的希腊东正教堂谴责这部小说是"不雅的、无神论的、叛国的"。雅典主教公会写到，它"包含了对神圣的耶稣基督的邪恶诽谤"。对这些官员来说，《基督的最后诱惑》是对基督教和希腊的攻击。他们认为，通过出版这本书，卡赞扎基斯正在暴露出他灵魂的邪恶。

神职人员给人的印象是勇敢地与亵渎神明者斗争，但许多评论家从未读过这部小说。一些人从雅典的保守派报纸《埃斯提亚报》（Estia）上了解事实。但卡赞扎基斯的故事有着哲学上的细微差别和宗教热情，这对他们来说是陌生的。《基督的最后诱惑》在"缺席"的情况下受到了谴责。

从一个随意的旁观者角度，那些谴责卡赞扎基斯的大主教只是在履行他们的职责。就像天主教一样，东正教主教是"episkopos（监督者）"。这不是小事，因为普通基督徒被认为是不能完全照顾自己的人。保罗在《使徒行传》（The Acts of the Apostles）中指出，教会长老是他们基督徒社区的监护人，这个角色已经存在了将近两千年。他对以弗所人说："圣灵使你们成为监督者。"保罗还提到主教是信徒的牧羊人，这个比喻贯穿于福音书和神学理论。这种逻辑是层层推进的。主教有更大的权力，但也承担更多的责任。牧师（pastors，这个词在拉丁语和希腊语中的意思是"牧羊人"）也是如此。这些人和其他长老，必须保护羊群免受保罗所说的"凶残的野狼"的袭击，包括其他"说着荒谬的话"的主教。

因此，谴责《基督的最后诱惑》并不是神职人员在保护基督徒——这是他们的日常。问题在于他们无法保护忠实的信徒免受他们没有读过的小说的伤害。因为他们从来没有勇敢地面对文章本身，有关《基督的最后诱惑》的所有恐慌几乎都是由他们制造的。所有"亵渎"基督、曲解宗教热情、嘲笑福音的说法都是由这些神职人员捏造的。在这一点上，他们作为基督徒的监督者是失败的。借用他们自己的传统比喻，牧羊人应该知道真正的威胁是狼而不是牧羊犬。他们没有读过《基督的最后诱惑》，不知道它的危险，也不知道它真正的重点。通过攻击小说家，牧师们还拒绝承认自己身上的荒谬之处，他们想象出来的恐怖都是自己造成的。

我的堕落

用于描述神职人员的弱点的词可以是自负，或者这通常被解释为骄傲自满、傲慢或"过于自负的骄傲"。正如大卫·休谟在他的《人性论》中指出的那样，骄傲是对自己成就的愉悦——来自美好事物的喜悦，而且是"我的喜悦"。在亚里士多德典型的异教观点中，骄傲在心理上和社会上都有帮助，促使公民努力奋斗，并奖励他们的牺牲。骄傲的人因他们的行为被人需要而感到满意。但是，用亚里士多德的话说，那些错误地标榜荣耀的人是"傻瓜，没有自知之明"。他对这种自负的描述带有轻微的喜剧色彩，即自负的人装腔作势，用衣着和外表装饰自己，但很快就会露馅。自负不仅会被欺骗，而且是可笑的。

对希腊人来说是恶习的事，在赞美温顺的神父眼里是罪过。保罗对以弗所人说，他"以谦卑的心侍奉主"。（诚然，承担拯救人类的责任需要某种谦逊。）对保罗和后来的神学家如奥古斯丁来说，基督的灵无法进入傲慢的监督者的灵魂。重要的是，这适用于学术。安提阿的依纳爵（Ignatius of Antioch）在 1 世纪时写道："上帝的确让我头脑中充满了许多想法，但我对待自己的弱点很小心，担心自夸会使我堕落。"对基督教神父来说，吹嘘文学学习已经够糟糕的了——正如东正教神职人员对卡赞扎基斯的小说所做的那样，这错误地暗示知识是邪恶的自负。

尽管有冲突，基督徒和异教思想家对自负有一个共同的看法：自负是贪婪而迷惑的。对亚里士多德来说，自负的公民宣传他的伟大事迹，但那些事他根本没做过。神学家认为，傲慢的基督徒以自己的慈善或信仰为荣，却不承认这些是上帝的馈赠。在任何情况下，装腔作势的人都试图保护合自己意的想法，而真正的优秀则让他感到怪异或没说服力。

这种虚荣心会积重难返，随着自负的膨胀，同样，吹嘘者的妄想也在膨胀。陷入了保罗在《以弗所书》中所说的心盲，一个人会将自己与他人的成功联系在一起，和自己的失败断绝关系——两者兼而有之，日益猖獗。休谟写道："傻瓜总要找一个更傻的人，使自己在原有的状态和理智下保持良好的心境。"如果找不到合适的傻瓜，他们就会捏造一个。

这正是自负阅读——或者不阅读——的结果。东正教神职人员正在用卡赞扎基斯欺骗自己，他们不仅假装熟悉《基督的最后诱惑》，而且通过召唤恶魔来攻击一个亵渎神明的人，与亵渎者对抗让他们自己看起来更正义。这是一种装点门面的方式——卡赞扎基斯在质疑批评者的道德时认清了这一事实。"我祈祷你的良心和我的一样澄澈。"他写道。

毫无疑问，所有的教派和意识形态都有类似的自负。常见的错误不是崇拜或超自然主义，而是无知的权威。由于被边缘化或无能为力，权威人士通过虚张声势来挽回面子。这不仅修补了他们的表面形象，也隐藏了他们的对手的细微差别，使冲突变得更容易。背景低微的人需要容易对付的敌人。但对团体领袖来说，这种欺骗也使得他们伪装出来的显赫变得危险，因为粗心的读者是糟糕的牧羊人。

攻击性读者

因为它的冲突大多依据《圣经》，神学可以使文学自负的症候更容易被发现。奥古斯丁和阿奎那之类的作家也提供了尖锐的伦理工具来治疗这种症候。

但是文学上的自负是一种更普遍的恶习。想想所谓的"攻击性阅读"。数百人仔细阅读一篇专栏文章或评论——通常是对立的意识形态的作品。这里存在资本化的愤怒和圈套。问题不在于能对批评进行恰当补充的挫折或愤怒本身。破坏攻击性阅读的是懒惰和自恋。它寻求一个明显的敌人带来的心理安全感，这样又反过来纵容了自夸。正如大卫·休谟所指出的，同情可以增强思想的活力和可感知性。随着攻击性阅读，"我"这个词本身的概念得到了扩展：公众的愤怒或嘲笑会让攻击者更坚定、更喜欢控制自己。（可以这么说）为提供这种乐趣而写的专栏——一个世纪前的"黄色新闻"，现在的"标题党"——实际上对读者来说是在自负中的练习。

攻击性读者不应该陶醉于自己的敏锐或道德操守。自负的阅读，包含很多浅薄空洞的想法，因而是麻木的。它使用书面文字作为一种存在主义的支撑。装腔作势者会攻击专栏或书籍，是因为它们被认为是理所当然的失败，而他们这样做恰恰是因为自己非常肤浅或愚笨，或者看起来如此。因此，傲慢的读者浪费了他们的自由。作者的劳动被轻视了。读者的闲暇用于获得一种脆弱的优势，这需要更多的讽刺或恐吓，以免被现实的重压压垮。

在这一点上，自负的阅读是对基本文学契约的背叛。作者自由地发表她的言论，读者自由地承担起理解这些言论的责任。这种联系可能是可疑的、愤懑的、崇拜的、尊敬的或厌倦的。但它要求双方做出基本承诺。自负者因为某种自私放弃了这种联系：文本的存在只为用纸糊住不断扩大的自负的裂缝。神职人员追求虚无缥缈的事物却不精进他们的神学。评论者花费时日在众矢之的上，而不是研究对手的思想精华。与如此多的逃避现实一样，攻击性读者冒着放弃好伙伴的风险。

心自有其道理

我们需要保持谦逊以克服自负的阅读，这并不需要什么特别的保护。我们赤裸裸地面对自己的不完美。然而这也可能陷入一种罪恶。

以 17 世纪法国数学家和哲学家布莱士·帕斯卡（Blaise

Pascal）为例。乍看之下，帕斯卡是直白地反对谦逊。在与同时代一些最伟大的学者〔包括勒内·笛卡儿（René Descartes）和皮埃尔·德·费马（Pierre de Fermat）〕的通信中，帕斯卡在智力上非常自信，并且不怀疑认知能力的价值。他同情自作聪明的傻瓜。在他的《思想录》（Pensées）中，他问为什么一个人的瘸腿不会引起惊愕，但不健全的思想却让人不快。"因为一个跛足的人知道我们走的是直路，"他回答说，"而不健全的思想却声称我们在跛行。"对帕斯卡来说，放弃理性的严密，就是浪费了一种独特的人类天赋。

帕斯卡相信，智慧是上天赐予的，用来更好地理解宇宙，即宇宙的规律和事实，这包括了他自己在概率和真空方面的开创性工作。帕斯卡写下了名言"人不过是一株芦苇，自然界中最脆弱的东西，但人是会思考的"。反思也是揭示人类状况的基础。他认为，日常生活是对无聊和痛苦不安的逃避。他写道："转移注意力会消磨我们的时间，使我们不知不觉地走向死亡。"帕斯卡说："我们总是逃避死亡，回避在毫无意义的机械的宇宙中我们的毁灭来得太快了这样一个事实。"在金钱、名誉或欲望的干扰的背后，是一个空空如也的、死寂的宇宙，正等着笼罩我们。"我在每一面只看到无限，如同原子一般包围着我，"帕斯卡承认，"又像转瞬即逝的影子。"

　　然而帕斯卡并不是启蒙哲学家，他放弃了对理性之城的信仰。他是一个狂热而又严肃的基督徒，他晚年的大部分时间，以及他的《思想录》，都用于神学上的争论。科学研究和哲学分析使帕斯卡认识到宇宙冷漠的事实——光凭研究和分析不足以应付它。他需要希望以继续下去，而信仰在理性失败的地方占据了上风。他写道："心自有其道理，不为理智所知晓。"帕斯卡认为，普通的学术无法预测自然的宇宙，也没有机会与超自然现象打交道。只有当人们知道自己的局限，并且会大胆地思考时，智慧才能发挥出最佳水平。

　　帕斯卡对经文的阅读以谦逊为特征。和奥古斯丁一样，帕斯卡认为重点是博爱：《圣经》应该让读者热爱上帝。如果经文中的段落偏离了这一点，虔诚的基督徒会"调和所有矛盾"。《出埃及记》(Exodus)承诺会有弥赛亚带他的子民到应许之地，这些都是比喻，因为基督把神的国度赐给众人。帕斯卡说，"世俗的犹太人"读经文时过于遵循字面意思。耶稣和保罗有必要给出一个解码方式："神的话是真的，当在文字中是假的时，于精神中才是真的。"换句话说，学者的工作不是证明《圣经》的某一部分无根据，而是证明其永恒的真理。圣约是用来思考，而不是用来怀疑的。不管发生什么，《圣经》"永远"是正确的。

　　帕斯卡是他那个时代的人。当他与自由派和怀疑者一起工作时，他们中的许多人只是世俗的基督徒——他们对神职人员或《圣经》诫命有异议，但对信仰本身却没有异议。甚至一个世纪后伏尔泰（Voltaire），一个自然神论者，曾痛斥法国教会的残酷和错误。他信仰的理性之神，没有不可思议的儿子，但仍是一个神明。这是一个神性是真实而美好的世界，思想和敬畏之间没有明显的冲突。在 17 世纪的大部分时间里，无神论更像是一种诽谤，而不是一种无神论哲学。在这种宽松的环境下，帕斯卡接受了詹森教派狂热的基督教教义。詹森教派强烈地忏悔着，信奉一种纯粹的奥古斯丁的信仰。他们争辩说，人类是完全堕落的，唯有上帝的慈悲可以救赎：我们自愿作恶，而不是行善。要领受圣餐，就必须在主面前过着虔诚、温顺的生活。（就像新教一样，这并没有改变上帝的计划。它只表明某些灵魂未被诅咒。）他在《思想录》中写道："看到普通人毫无理由地相信，不要惊讶。上帝让他们爱上帝，恨他们自己。他使他们的心倾向于相信。"在这一点上，帕斯卡比他大多数富有的、受过良好教育的同时代的人更为严肃，但他与圣言的关系并非独一无二——在一个充满信仰的时代，他是强有力的崇拜群体的一员。

是的，他的头脑和干劲是极好的。帕斯卡是一个神童，后来成了杰出的科学家和数学家，他本不必屈从于基督教经文的绝对真理。他有信心，有美德，还具有怀疑精神。

但是帕斯卡对《圣经》是深信不疑的。

被摧毁的人

帕斯卡是弗里德里希·尼采最喜欢的作家，尼采同样对帕斯卡阅读中存在的问题进行了评析。这位德国哲学家认为帕斯卡是一位肤浅和伪善的批评家。尼采在《人性的，太人性的》（Human, All Too Human）一书中写道："匆忙是普遍的，因为每个人都在逃避自己。"他呼应了帕斯卡的一个论题：劳动是对现实毫无意义的逃避。他称赞帕斯卡愿意停下来认真思考，而不是"像蚂蚁一样勤奋地工作"。

尼采还将法国思想家视为宗教纪律的典范。教会强制最优秀的人，比如帕斯卡和笛卡儿，思维严谨。尼采得到的结果是一种智力训练，即训练有素的"柔韧无畏"的头脑。作为牧师的儿子，尼采切身体会了宗教热情和古典填鸭式的教育，他尊重那些遵从权威的人，只要这种方法培养了新的力量。

但尼采对帕斯卡全盘接受《圣经》感到震惊。他把这种谦逊看作对一个伟大的头脑的摧残。他在晚年的笔记上写道："人们永远不能原谅基督教摧毁了像帕斯卡这样的人。"对尼采来说，基督教确实提供了新的力量——它基本上是一个吸血鬼，啃噬着伟人的骄傲。它通过提供一种新的人性理想来做到这一点，比如谦虚、懦弱、对本能和快乐的羞耻感、面对成就的畏缩。基督教诱惑了一些最强大的灵魂，那些最有生存野心和最愿意牺牲幸福的灵魂。信仰在他们的巅峰时期安插了软弱和疲惫时刻。尼采说："它知道如何让高贵的本性变得恶毒、病态，直到它们的力量……转而与自己作对。"

拿帕斯卡来说，他糟糕的健康状况证实了这一点，比如伴随一生的病痛、虚弱、恶心和其他慢性疾病，有些可能是由年幼时的营养不良导致的。这也与孤独有关，父亲去世加之帕斯卡的妹妹去了波尔-罗亚尔修道院，这使得帕斯卡极度忧伤。帕斯卡总是在妄想和厌倦之间摇摆不定，但疾病和孤独使他的热情高涨。生命的最后阶段，他病得很厉害，认为世界也同样病了。这最终到来的平静只有在奥古斯丁所建议的非现实世界里才能实现。善良的基督徒被疏远了，被自己厌恶了，像"某种灵魂的死亡"。然后他找到了上帝，完全放弃了自己。奥古斯丁在《论基督教教义》中写道："由于他们看到的是他们隐世的程度，他们生活在其中却视而不见。"帕斯卡的幸福需要摒弃平凡的生活，并向主致敬。

所以帕斯卡作为一个有智慧和骄傲的人，是谦逊的。这位法国学者没有面对"宇宙的可怕空间"独自前行，而是坚持自己的福音。他善于分析的头脑撕碎了俗世虚荣的经不起推敲的说辞，却把经文完整地留下了。帕斯卡写道："我讨厌不相信圣餐等愚蠢行为。如果福音是真的，如果耶稣基督是上帝，分歧在哪里？"对信仰上帝的人来说，这是一个公平的观点，但只有当那些无关痛痒的"如果"没有被仔细审视时。帕斯卡认为《圣经》的真理是理所当然的，他的阅读往往是不加质疑的。例如，他认为《出埃及记》是一部直白的历史文献，而且他在试图证明预言的价值或奇迹的真相时，显得异常天真。"为什么处女不能生孩子？母鸡离开公鸡就不生蛋吗？"帕斯卡展现出被学者唐纳德·亚当森（Donald Adamson）称为"某种程度的轻信，无论是对自然科学家还是历史学家而言都不合适"的观点。对尼采来说，帕斯卡更深层次的问题是渴望形而上的补偿；在无限的空间和时间中保证神圣的意义。尼采在《漫游者和他的影子》（"The Wanderer and His Shadow"）中写道，高傲的头脑不需要这种确定性，就像蚂蚁不需要它们来成为一只好蚂蚁一样。

重点不是基督教经文"一定"是假的，而是帕斯卡，一个极具智慧的人，放弃了质疑。他放弃了，不是因为疲惫或恼怒，而是因为谦卑——正如尼采所说，基督的信条已经把"高傲的信心变成了良心的不安"。

对尼采来说，帕斯卡是自身懦弱的受害者，亚里士多德称之为"不适当地隐退"。虚荣的人窃取别人的赞美，怯懦的人则回避成功，否认荣誉。亚里士多德将这种过于谦虚的人形容为"心胸狭窄"的。有趣的是，希腊哲学家认为这种谦逊比傲慢更糟糕。他写到，这是"平民"，并表示对伟大事物缺乏兴趣。此外，这在一定程度上也是亚里士多德对这种平常谨慎的贵族式的蔑视。但这对没有利用其技能的公民来说也是一种合理的谨慎。不应该相信懦弱的人会为了更大的善而超常发挥。

一千多年后，神学家托马斯·阿奎那提到了亚里士多德关于极端谦逊的描述。他在《神学大全》中写到，这是"违反自然规律的"。世间万物，无论是动物还是植物，都在尽其所能，胆怯的人却逃避了上帝赋予的使命。阿奎那、亚里士多德和尼采对于何为这一使命有不同看法。神学家的虔诚抱负与希腊贵族或德国"反基督者"的抱负相去甚远。尽管如此，人们对这种恭顺仍有一个基本的共识：由于对谦卑的错误认识而未能实现潜能。

尽管帕斯卡才华横溢，但他的阅读太懦弱了。他是世俗偶像的死敌，也是物理和数学定律的精确分析者。尼采称他为"伟大的道德家"，能够远离普遍的幻想。但面对《圣经》时，帕斯卡失去了他特有的批判眼光。他变得渺小、恭顺，因轻信而步履蹒跚。帕斯卡克服了自负，却在谦虚方面犯了错误。

编辑启示

对良好的阅读来说，骄傲是必要的。需要的不是傲慢自大，而是一个谨慎的、批判性的智慧，不为恭顺的谦卑所阻碍。

阿尔弗雷德·诺斯·怀特海就是一个骄傲阅读的范例。和帕斯卡一样，怀特海是一位哲学家、数学家和人性分析大师。他出生于 19 世纪中叶，小时候读过希腊文版《圣经》，能在谈话中自如引用诗节。但是在帕斯卡保守之处，怀特海很乐于冒险尝试。

在《观念的冒险》（*Adventures of Ideas*）一书中，他提出新约需要修改。他认为，一个更好的结局是出自 5 世纪雅典的伯里克利（Pericles）的葬礼演说。伯里克利的演讲记录在修昔底德（Thucydides）的《伯罗奔尼撒战争史》（*History of the Peloponnesian War*）中，详细描述了雅典、斯巴达和诸邦之间的野蛮冲突。伯里克利的悼词是在战争第一年结束时写的，是对希腊这座城市的赞颂。演讲中没有圣约翰的灾难警告，而是颂扬了宽容。伯里克利称雅典为"全希腊的学校"，并称赞雅典的智慧、艺术天赋，以及自由的氛围。他说："当我们隔壁邻人为所欲为的时候，我们不至于因此而生气，也不会因此给他……难堪"。毫无疑问，伯里克利是将雅典理想化了，就像修昔底德主观评论这篇演说一样。但理想（和谐的奉献，而不是神圣的惩罚）本身是引人注目的。

对怀特海来说，《圣经》未能传达这一信息，它以一场野蛮的武力争论告终："一个人将自己的意愿强加于他人。"上帝并没有给出漂亮的真理，甚至没有用逻辑来使人信服，他反倒用永恒的折磨来进行威胁。（"凡在生命册上找不到的，就丢在火湖里。"）伯里克利称赞自由与统一、艺术与政治、体力与智力努力之间的平衡，这种雅典模式是为了模仿而不是胁迫。怀特海把它描述为"行动将自己编织成一种有说服力的美丽纹理"。因此，鉴于帕斯卡的经文观要求谦恭，怀特海在修昔底德的文字中看到了号召。这些话是对自由的希腊人的呼吁，而不是对不守规矩的异教徒的恫吓。

怀特海的社论式建议似乎有些傲慢：一个世俗哲学家的干预，轻视信仰。但是怀特海尊重宗教。他批判性地阅读《圣经》，因为他相信宗教观对文明至关重要，而《圣经》经常破坏这种观点。

像醉酒一样糟

理解怀特海的非正统阅读，有助于了解他的信仰。虽然怀特海的论点很复杂，但这句话为怀特海的哲学提供了一个有用的警句："没有什么事实仅仅是其本身。"他的观点不是说没有诸如真实或虚构、真的或假的之类的事。相反，怀特海指出，任何一件事都是更广泛和更深层的混乱的一部分。"东西"这个词是误导人的。它揭示物质的小岛漂浮在气体的海洋上或虚无之中。但是，怀特海认为，世界实际上就是过程：在时间和空间上相互联系。怀特海称存在的基本要素为"活动"，而自然是"相互联系的活动发生的场所"。这种观点认为，事物并不是简单的事物，而是一种"发生"——它产生于往复的泡沫中，然后又潜回泡沫。大多数日常事务都称为"社会"，由以这种方式结合在一起的过程组成。

对怀特海来说，人类也是社会——但我们忘记了我们已经从泡沫和浪花中升起。和大卫·休谟一样，我们经常关注怀特海所说的"清晰而独特的感官体验"：这里的光和颜色、那里的声音、这里的触摸。它实际上是肤浅的，关注的是世界的感官表面，而不是泡沫深处。这些能力给我们一种虚假的清晰感。世界"似乎"被划分成了从未相互接触的整洁的空间区域。这种观点以同样的方式解读时间。日子变成了一系列的嘀嗒声，相互之间从未谋面。日常生活有一个简单的常识：一个万物彬彬有礼又独来独往的宇宙。

对怀特海来说，问题在于这个世界的愿景看似简单，却减缓了文明的进步。将万物当作微小的原子，我们就成了教条主义者。我们把人看作"东西"——充其量只是孤立的事实；在最坏的情况下，作为工具或商品来使用或交换。强调个体使得团体被忽略，过去如此，现在如此，将来也会如此。尽管我们拥有丰富的专业知识，但我们失去了一种，用怀特海的话，"充分的选择余地，无论是极好的还是可憎的，潜伏在背景之下，等待着颠覆我们安全的不起眼的传统"。他辩称，宗教是促使我们接触这些重大事件的冲动。

这种深度和广度的感知对阅读来说是至关重要的。口语本身是肤浅的：从喧哗中脱颖而出，易听易懂。我们用这些声音来回忆、提炼和反驳思想，传达感觉并记录感知。但对怀特海来说，言语总是发生在特定的时间和地点，总是缠绕在存在的纷繁之中。正如他所说，这些词"沉浸在社交的直接性中"。声音本身是发自内心的，提醒我们用身体参与活动。怀特海赞同他挚爱的作家柏拉图的观点，认为书面语往往是从这种丰富的背景中剥离出来的。

所以基督教经文，像所有的文字一样，是感官世界的一个可移植的部分。它在特定的地点和时间待在家里，但它可以旅行。它包含了生活的碎片，鼓励读者忘记它们是碎片。因此，被帕斯卡视为永恒真理的《启示录》（Revelation），实际上是怀特海所说的"来自持续环境中的抽象概念"。它需要历史和哲学的批判意识来更好地解释其真理及谎言。

　　这是如何实现的？不仅仅是借助一些孤独的天才。在《大学及其功能》（"Universities and Their Function"）中，怀特海推崇"自信源于对周围社会成就的自豪"。他的观点是，文明的怀疑和智慧的精确永远不会单独获得。骄傲的读者不仅喜欢智慧，而且喜欢能够首要支持思考和推测的传统——我们的每一次阅读都是一种传承。读者和文本一样，也有历史。

　　从这个角度来说，帕斯卡是他那个时代的人，应该被解读为 17 世纪的打破传统者，而不是失败的现代人。我们不必因为他的错误而痛斥他，只要尽量避免错误就行了。他读《圣经》时没有像他研究心理学或物理学时那样独立和怀疑；在触碰到无限时，他畏缩了。帕斯卡给出了一个郑重的警告：不要把文字具体化，把杆锁拉向神圣的完美。对怀特海来说，帕斯卡的解读实际上是通过缩小和强化宗教的观点来麻痹宗教。为了对文明生活做出最好的贡献，《圣经》需要谨慎的尊重，而不是刻板的服从。

　　所以怀特海对待《圣经》的态度是骄傲，而不是自负。他仔细阅读不止一种语言的经文，熟悉奥古斯丁、阿奎那和路德等神学家的思想。他敏锐地意识到自己对宇宙的狭隘观点，尊崇《圣经》的"无穷的暗示"。提醒我们，总有比我们了解到的更多的可能性。怀特海并没有表达其才华或工作以外的启示。然而，他并没有放弃他自己的研究智慧和广阔的想象力。1919 年，怀特海对学生们说："不要无所思地只渴望印刷品。这几乎和醉酒一样糟。"

没有上帝的眼光

自负和懦弱不限于宗教教条或小说。这些恶习超越了评论和学者学问的范畴。对每一个宗教激进主义基督徒来说，都存在一个托尔金狂热分子，他看不到凡世 ① 及其小资产阶级救星的保守怀旧精神——小说家迈克尔·穆考克（Michael Moorcock）称之为"小熊维尼假扮成史诗"。对每一个狂热爱好者来说，都有一个自命不凡者将托尔金的小说《精灵宝钻》（The Silmarillion）中的错综复杂的情节看作小学生的幻想，忘记了其背后的学问。艾米莉·勃朗特（Emily Brontë）或欧内斯特·海明威（Ernest Hemingway）的小说，或柏拉图的对话，都有傲慢的敌人和过于谦逊的追随者。某人的爱——对上帝、英雄、乌托邦、奉承——会招致同样程度的尊重或拒绝。

为了培养骄傲，被推崇的作品或作家必须面对质疑。一点涂鸦会有所帮助。作家蒂姆·帕克斯认为，书的旁注打破了神圣不可侵犯的咒语。帕克斯说："悬浮在文本上的

① 原文"Middle Earth"在托尔金小说中指的是一块重要的大陆"中土世界"，此外也有凡世之意，指介乎天堂与地狱之间的世界。——编者注

钢笔，有些掠夺性，甚至残忍。就像田野上的鹰，它在寻找容易下手的猎物。然后飞扑过去用锋利的笔尖抓住猎物，这是一种乐趣。"帕克斯的比喻暗示了尖锐和恶意，虽然尾声比捕食更具侵犯性：玷污了书页一尘不染的圣洁气息。

更重要的是，骄傲的读者会与诋毁者和捍卫者，以及他们在辩论传统中的角色变得亲密无间。经典尤其如此，它恰当地要求重新解释和重新创造。正如伊塔洛·卡尔维诺（Italo Calvino）所说的那样，"这些书实际上带有前人的读物的痕迹，在它们之后是他们留下的痕迹"。一个狂热的柏拉图主义者可能会在研究《理想国》的同时也研究怀特海的《思维方式》和玛莎·纳斯鲍姆（Martha Nussbaum）的《善的脆弱性》（The Fragility of Goodness）。怀特海捍卫哲学家的思辨勇气，而纳斯鲍姆则警惕柏拉图对确定性和控制的渴望。卡赞扎基斯的信徒可能会在阅读《基督的最后诱惑》的同时，也阅读波伏瓦的《第二性》（The Second Sex），并仔细研究他将女性简化为性、死亡和家庭生活这样的次要象征的行为。这就是卡赞扎基斯的严谨的译者彼得·比恩（Peter Bien）所说的"视野中的盲点，否则视野通常是宽广而清晰的"。在每一种情况下，我们的阅读材料都是从过去反应的覆盖物中生长出来的，成为未来反应的腐殖质。

这个想法并不是要对柏拉图、卡赞扎基斯、帕斯卡或任何其他作者做出最后的判断，并没有这种评估。这场辩论只是提升了批评家的骄傲：在不把它变成神圣的遗迹或万无一失的戒律的前提下，他们愿意承认文本中的精华。

具有讽刺意味的是，这种骄傲源于对渺小和短暂的认识。对怀特海来说，我们是一个动态整体的微小部分，在浩瀚的宇宙中只有短暂的能量汇合。承认文学作品是会出错的，就是承认我们自己的错误、模棱两可和变化无常。我们骄傲地思考文学作品，不论是神圣的还是世俗的，正是因为我们没有上帝的眼光，因为完美的看法总是有缺陷的。骄傲是我们在思考自己卑微的能力时所能获得的快乐。

节　制

分心的欲望

有些夜晚有一种令人叹息的气氛，通过叹气缓缓地释放出一整天的郁闷。家务琐事搞定，我脱掉鞋子，舒舒服服地回到沙发上。小学生和学龄前儿童断断续续地打鼾。露丝，我的妻子，也睡着了——仍然抱着雪莉·哈泽德（Shirley Hazzard）的《大火》（*The Great Fire*）。我陷入了孤独，我抄起一本小说〔《星际迷航》（*Star Trek*）〕如同拿起一杯冰啤酒。我敲了敲平板电脑，读道："威廉·瑞克……在离实验室中央观测平台几米远的地方自由落体飘下。"我也进入了这个新世界但没这么英勇。

但对我来说这不是什么新鲜事。近三十年来，我一直在电视、电影和文章中关注瑞克。小说《红王》（*The Red King*）描绘了一位拥有新船员和星际飞船的 24 世纪军官。但它描绘的宇宙却让人很熟悉。我轻松地进入故事，顺着它循序渐进的情节阅读，头脑处于中立状态。我的目的不是睡眠，而是下一卷，我读完《红王》的最后一行就可以读下一卷了。（"把它拿走。"）这种处理与其说是选择，不如说是不自觉的习惯行为。在购买续集之前，我避开了哲学思考，比如关于《星际迷航》的指挥心理学、探索政治学或异种生物美学。这是一种轻松的消费，是欲罢不能的享受。

　　《星际迷航》系列在丹·布朗的失败之处取得了成功，不间断地提供了关注。在威尔·瑞克[①]和他的自由多元化团队的帮助下，我获得了一种轻松的空虚感。多年以后，我已记不起《红王》的情节。在阅读了"他的船员们正在同他们所发现的事物的科学和哲学意义做斗争"这一奇特的简介后，这个空缺仍然存在。甚至情绪也是一个问号，这是不寻常的。通常，小说的氛围依然存在：关于德博拉·利维（Deborah Levy）动人的《游泳回家》（*Swimming Home*）心理剧，或者沃德豪斯（Wodehouse）的"吉夫斯"系列中从容的白痴。《红王》及其续集没有留下挥之不去的气

---

① 　威尔·瑞克（Will Riker）是作者提到的《星际迷航》角色威廉·瑞克（William Riker）的昵称。——编者注

氛。在这些小说上花费的时间和金钱却使我记忆犹新。

我平板电脑上存档的小说中有三分之一以上来自《星际迷航》系列。全部购买了超过八个月，大部分看完后就删除了。这似乎是一种罪犯的整洁：清理犯罪现场。这种犯罪不在体裁上，而在我的阅读中。放弃伯爵茶来无休止地购买续集，但没有想到的是，我上瘾了，这种习惯使我感到丢脸。

食　神

我发现自己厌恶的东西被亚里士多德称为"akolasia（不加节制，放纵）"。这是对食物、饮料和性缺乏自控的欲望——触觉上的，而不是视觉或听觉。亚里士多德的批评原本并不是针对欲望，而是指那些不受理性控制的人。"毫无节制"的表现是不受控制的饥饿、口渴和性欲。他写下了"食神"，这种人总是千方百计地填饱肚子。其他人不是贪食者，但他们的爱好使其更糟，比如他们会喝醉、行动迟缓、神经过敏，或仅仅就是病了。放纵是一种对错误的东西或过多正确的东西的欲望。这不是意志的失败，而是价值的失败。亚里士多德写到，放纵的人"热爱这种欢愉胜过它们的价值"。

当这个哲学家专注于影响时，他认识到放纵经常被更广泛地使用。他认为，孩子们通常是放纵的，很难控制他们的食欲。他们必须了解什么是健康的，享受多少，而不是只关注甜点或甜葡萄酒。托马斯·阿奎那在阐述亚里士多德的观点时指出，我们用"放纵"一词来指一种更常见的失败："动物天性中不受理性支配的倾向"。

阿奎那说这种失败是"兽性的"，亚里士多德使用了类似的语言。柏拉图在他的《理想国》中说，放纵的灵魂就像一座城市，在这个城市里，"儿童、妇女和奴隶……以及卑贱的乌合之众"都不受高贵少数人的支配。柏拉图的沙文主义是可恶的，但丑陋的印象是人们熟悉的。放纵是缺乏精神秩序。这给伦理批评增加了一个美学层面：不仅是对肮脏事物的欲求，而且是畸形的心理。

这就是为什么我对自己沉迷于《星际迷航》的行为皱眉头。当我不停地点击"购买"按钮时，我发现了一种心理障碍，即缺乏适当的比例。慷慨的批评家可能会找出意气消沉的原因，在未受损的牙髓中发现一种疾病。当然，这并不是对食物、酒或肉的上瘾，这种情况在一年之内就消失了。尽管如此，这是一种难以控制的对心理休息的渴望。在悠闲呼气的那一刻，我让步了。联邦星舰泰坦号返回了，同时我也急于把稀缺的现金和时间花在那些被遗忘的世界上。这就是亚里士多德所说的"奴性"。我已经习惯了逃避现实的解脱，这种印象是如实准确的。

　　不过，除了丑陋之外，毫无节制还表现为更多的东西。这也可能是有害的，因为我们忽略了什么是有价值的。拿豪饮来说，阿奎那认为，故意喝醉是最罪孽深重的，因为当一个基督徒"心甘情愿地故意剥夺了自己使用理性的权利"时，他也更有可能犯下其他罪行。酗酒之后，赌博、通奸、殴打（都有可能发生）。这可能会浪费金钱、破坏婚姻、断绝友谊、破坏公民社会。因此理性的丧失"不仅阻碍了身体需求，也阻碍了对诸如财富、地位等外在事物的需求，更多的是阻碍了对良好行为的需求"。这是一个关于价值的更普遍的观点：放纵会腐蚀健康，玷污声誉，损害道德，因为它把错误的事情放在第一位。用亚里士多德的话来说，这是"可耻的"，因为它牺牲了我们通常看重的东西。

　　我对《星际迷航》的痴迷是一个相对温和的例子。我没有陷入阿奎那所恶的酩酊大醉的状态，但我确实没能控制住自己。我可能读过布赖恩·奥尔迪斯（Brian Aldiss）或约翰·布伦纳（John Brunner）的小说，他们的小说和《星际迷航》一样具有推测性——通常更甚。它们还包括对当代说教的批评，对轻易安抚的抵制。我选择了一个最熟悉的世界，一个对大量美好沾沾自喜的世界。我一再这样做，逃避新兴的和复杂的东西，认同陈旧的和简单的东西。我从惊讶、挑战、冒险中退缩，沉浸在一个舒适的世界中。

正如阿奎那警示的那样，越来越多的人失去的不是财富和地位，而是对感知的管理。我的神志变得不清醒。

文学香炉

将不诚实看作一种欲望，这似乎很奇怪。但盎格鲁-爱尔兰哲学家艾丽丝·默多克认为，在其他地方寻求平静是正常的。她认为，我们大都是被迷惑的动物。自我扭曲着，使现实泛起涟漪以保持自身舒适——这是一种存在主义的后期加工，包括消除自身的自私。默多克的观点并不是说我们必须这样，而只是说我们通常是这样。幻想和自负是我们的缺点。默多克在《善对其他概念的主权》（"The Sovereignty of Good Over Other Concepts"）中写道："意识不是一块我们拿来观察世界的透明玻璃，而是一片几乎饱含奇异幻想的云，旨在保护心灵免受痛苦。"

对默多克来说，道德不仅仅是计算和选择：给法律或行为赋予价值，权衡利弊，然后得出分数。道德主要是关于意识，一种能够感知而不产生扭曲的心理。她是一个道德现实主义者，相信有正确的方法去理解宇宙。受柏拉图的影响，默多克认为道德需要一种知识——不仅关于事实，而且关于我们判断这些事实所依据的最终原则。不道德就是破坏与世界的亲密关系，在这种被破坏的关系中，欺骗的欲望不受控制。

文学对这场争执至关重要。默多克认为，艺术最好的一面是邀请人们与现实重新结合。这需要敏感和持续的专注，而不是无休止的幻想。默多克的理论在某些方面与杜威的理论相似，描述了一种引人注意的统一。除了日常生活零碎的变化之外，我们还发现了一个完整的愿景。这样，艺术以完美的姿态示人——对善良的一瞥。默多克认为，善不是一种东西，而是我们评判一切事物的标准——一个终极价值的原则。正因为如此，善因其自身而存在价值，而不是因为其他。她写道："我们以一种无占有欲的、无私的爱屈从于它的权威。"伟大的文学作品为我们提供了一个摆脱以自我为中心的幻想的机会。

默多克的理论过去和现在都与当代英语世界的哲学意见相左。其反映的柏拉图主义似乎超凡脱俗，对超越的兴趣模糊不清。当然，要证明或反驳这种假设并不容易。但默多克关于意识的观点很有说服力。道德要求的不仅仅是个人对好坏的判断，还有选择任何一种方式的自由。它还需要诚实地对待世界的基本意愿，培养对真理的热情，而不是安慰性的欺骗。默多克将这种对世界更为慷慨的看法称为"无我化"。

用默多克的话说，我无限制地沉迷于《星际迷航》是自我的：从现实中夺走我的"人之常情"假期，延长我的签证。虽然默多克用视觉的比喻而不是触觉，但她和柏拉图、亚里士多德和阿奎那一样，对无节制的食欲持谨慎态度。我的无节制的狂热行为不是意志的崩溃，而是对令人麻木的假象的错误依恋。如果意识就像默多克所说的，是一团白日梦，那么我就用《红王》及其续集作为文学的香炉。

最危险的人

　　哲学鼓励我放弃幻想。首先，我的原则是谨慎对待欲望。这至少可以追溯到柏拉图对"兽性"满足的谨慎。这是长期怀疑传统的一部分，德国哲学家彼得·斯劳特戴克（Peter Sloterdijk）称之为"失败者浪漫主义"。学问不需要把身体和头脑分离，把欲望和认知分离，但它有助于注意保持食欲——如果它能很好地被运用的话。这是一句古老的柏拉图格言：重要的是我们爱什么。

　　哲学也提供了具体的书籍来治疗我的不适。紧接着《星际迷航》的最后一部，我购买的一部作品是英国哲学家艾耶尔（A. J. Ayer）的《语言、真理与逻辑》（*Language, Truth and Logic*）。艾耶尔二十五岁时写成此书，当时他还是牛津大学的学生，这部作品抨击了 20 世纪初的主流哲学界。

　　艾耶尔的书能消除我的自私，这种力量源于其散文风格，也源于其哲学激进主义。这一学派，以逻辑实证主义著称，反驳了许多西方学术界长期持有的思想。艾耶尔曾被形容为"牛津最危险的人"，因为他全盘否定了许多经典。他认为哲学的工作不是提供存在的基本概念，即所谓的"第一原则"，依靠它可以发掘所有的真理。哲学家并不揭露深奥的现实或起草道德法规。哲学只分析我们所能给出的陈述的类型。就拿这句话来说，"艾耶尔曾在一次聚会上与重量级拳击手迈克·泰森（Mike Tyson）发生争执"。这可能很奇怪，但它只是要求证据。（是的，口角发生了。牛津最危险的人获胜了。）"艾耶尔曾与威廉·瑞克（William Riker）大副无形的精神共舞"这句话毫无意义。不是因为它违反英语语法，而是因为这不能被合理地接受或拒绝。显然，事件超出了物理证据的范畴，因此用艾耶尔的话说，它是"荒谬的"。有些命题不需要证据，比如逻辑学和数学，但它们并没有告诉我们任何新的东西。艾耶尔说它们都是重言式。它们揭示了语言和理性的规则，离开这些规则，就无法说话与思考。

艾耶尔认为哲学是知识游戏中的裁判。它不参与比赛，它参与更多的是评判别人的比赛。你的陈述是可以用经验来检验的，还是合理必要的？如果不是，请离开赛场。

这使许多学者感到震惊。从柏拉图的形式到海德格尔的存在，哲学是一部语言错误的历史。也许对许多人来说更令人担忧的是，艾耶尔的观点让伦理看起来可疑。他认为道德主要与偏好有关，既非事实也非逻辑，而是赞成或反对的声明。艾耶尔写道："它们纯粹是感情的表达，因此不属于真理和谬误的范畴。"道德声明可能会引起震惊或逃避，但它们没有提供道德事实。真正的伦理哲学，对艾耶尔来说，只是更严格的语言管理，即定义术语。

这似乎是对文学放纵的曲折回答。艾耶尔的哲学家裁判是一个远离默多克的哲学先知的世界。事实上，艾耶尔的观点正是默多克的回答所针对的内容。她希望克服的是他的现代自我中心主义：道德不过是薄薄的个人价值观的纸片，被漫不经心地到处丢弃。艾耶尔把哲学看作一个中立的对话裁判，而默多克则认为伦理学家必须具有立场。"我们如何变得更好？"默多克写道，"这是道德哲学家应该尝试回答的问题。"在思想、文体、习惯、气质等方面，默多克和艾耶尔处于两个极端。

是艾耶尔帮助我把目光转向了世界，他使我减少了对星际迷航幻想小说的沉迷。他的措辞简短而直接，具有挑战性，是战斗性的而不是安慰性的。拿艾耶尔的第一句话来说："哲学家们的传统争论在很大程度上是毫无根据的，就像他们没有成果一样。"[1]这是哲学家们的共同感受，包括

---

[1]　引自艾耶尔的《语言、真理与逻辑》第一章。——编者注

艾耶尔自己学派的前人大卫·休谟：注视一位勇敢的真理使者的到来。但是这个年轻的牛津学子是兴致勃勃、抑扬顿挫地诉说这些的。请注意成对出现的前缀"un"和有助于得出结论的子句。并非整本《语言、真理与逻辑》都是如此有力，但作为一部哲学著作，它是经过数周熏香后的一股清新空气。

这句话像科幻小说一样吸引了我的注意力，但艾耶尔却拒绝任何使生活舒适的东西。这主要不是争论的问题，而是情绪的问题。艾耶尔劝诱我远离贪婪的幻想，转向公开的事实和认识这些事实的语言。它在本体论上是吝啬的，拒绝各种存在。尽管思辨哲学家对这种方法提出了适当的异议，但这直接影响了我的意识。我遇到了阻力——不是容易解决的戏剧张力，而是把我从幻想中拉出来的心理力量。我本来可以武断地或异想天开地解释艾耶尔的话，但那将是胡说八道——是对他和我的劳动的浪费。理解《语言、真理与逻辑》的唯一途径是把它当作现实的写照；这样做的同时，也就克服了我自己的唯我论。理解需要对一个陌生的宇宙的热情，以及对它的特殊性的忠诚。

默多克本人在《善对其他概念的主权》中描述了这种转变。除了美术，她还讨论了手工艺、数学和语言方面的教育。有了这些追求，我不会过于内向。我遇到了一个把我推回去的世界，它拒绝被还原成我想象中的宇宙。她写道："我的作品是对独立于我之外的事物的一种渐进式揭示，是我的意识无法接管、吞噬、否认或幻化的东西。"默多克没有推荐艾耶尔来完成这项任务，把他在其他地方的首次亮相描述为"聪明、富有独创性的，同时也是不成熟的和薄弱的"。但她对从妄想到真理的运动的描述与我对艾耶尔的矫正性解读相呼应。这是一部文学作品，它促使我承认并尊重我心灵之外的原则。《语言、真理与逻辑》有助于减少我的放纵，因为它提供了一个反对的对象：我的精神状态。

他们为什么不尖叫？

艾耶尔并不是唯一号召节制的人。对一些读者来说，他的虚张声势可能是完美的放纵——拒绝混乱，因为整个学术都被整理成事实和赘述。在《作为道德指南的形而上学》（*Metaphysics as a Guide to Morals*）中，默多克写道，艾耶尔的处女作"将人类的场景缩小到了一个逻辑谜题的状态"，有些人更喜欢谜题而不是死亡的困境。看起来像学术清醒的东西可能是一种温和的文学鸦片——抽象的蜂蜜酒。艾耶尔对我来说刚刚好，但其他人可能会在小说、散文或诗歌中寻求心理平衡。

弗吉尼亚·伍尔夫有一种独特但引人注目的世界观：

拒绝远离疯狂、琐碎、疏远。在她的小说《达洛维夫人》中，描述了患战斗疲劳症的老兵赛普蒂默斯的那些段落，让人想起了一个孤独的男人和他的疯狂：

　　一只麻雀暂栖在对面的栏杆上，啼叫着赛普蒂默斯、赛普蒂默斯，叫了四五遍，而后又拉长声音，精神饱满地用希腊语尖声高唱：没有什么罪行。过了一会儿，又有一只麻雀加入它，拖长发音用希腊语尖声唱起：没有死亡。两只鸟就在河对岸的生命乐园里的树上啁鸣。

　　他的手在那边，死亡也在那边。白色的东西在对面栏杆后聚集。但是他不敢看。

伍尔夫的观点里有种同情和忍耐，但也有勇敢——她不会怜悯。同样地，她的散文比如《飞蛾之死》("The Death of the Moth")也是如此。它们在意象上很优雅，在结构上有韵律，但不会满足人们对舒适的渴望。

菲利普·拉金（Philip Larkin）的诗呈现给人一种凝视的阴郁。他的诗《老傻瓜》("The Old Fools")描写了老年之辱。他写道，嘴巴张得大大的，流着唾沫，滴着尿。我们站在"消亡的阿尔卑斯山"脚下，地球在我们下面升起，迎接末日。拉金令人不寒而栗的问题"他们为什么不尖叫？"叫板对生命的焦虑追逐，同时也点明这是一场毫无胜算的比赛。一切都以同样的方式结束，诗人拒绝使死亡浪漫化是痛苦的，却是诚实的。他问老人是否知道这一点，为什么他们不抗议。他的最后一句话把我们都包括在可鄙的腐朽中："好吧，/ 我们会发现的。"

布赖恩·奥尔迪斯的《暗黑光年》(*The Dark Light Years*) 与《星际迷航》如果不在主题上，便是在场景上更接近，是与人类心理和社会的异化的对抗。对厌恶、恐惧和圣礼的冥想似乎是一种荒谬的前提———一个崇拜粪便的文明。奥尔迪斯的英语是利落的，他的角色是微妙的，他的情节设计是精巧的。奥尔迪斯的故事与他高度异化的世界一起吸引、保持，然后重新定位人们的注意力，让注意力转向令人不安的人性。

我独特的文学放纵并不是唯一的。有些人对血腥、高潮或古老的巫术有着不加抑制的渴望。有军事密刊的研究人员和杜马的信徒。我曾经因为他的汗流浃背、脸色苍白的主人公的躁动而迷恋陀思妥耶夫斯基。使读者团结起来的是欲望未得到满足：被误导的或毫无节制地渴望。其结果并不像亚里士多德设想的那样，肥胖、虚弱、不受欢迎或贫穷，也不是失去健康或地位。意识在放纵的状态下遭受痛苦，就像奥斯汀的《诺桑觉寺》(*Northanger Abbey*) 中的凯瑟琳·莫兰 (Catherine Morland) 一样，书页被用来逃避紧迫的事情或珍贵的东西；填饱幻想而不是让其挨饿。

问题不在于小说，它体现了奥斯汀所说的"对人性最透彻的认识，对其多样性最愉悦的勾勒"。问题是凯瑟琳沉迷于哥特式幻想，被她扭曲的价值观念所困扰。

文学上的放纵是一种说不清道不明的东西，因人而异，因时而异。或许有一天我真的需要一个瑞克船长来抚慰悲观情绪。

厌食症

文学上的厌食（古希腊语的意思是缺乏欲望）比不加节制更为罕见。亚里士多德很少讨论这个问题，因为用他的话来说，"这种麻木不仁不是人"。这位哲人并不是说我们从不拒绝美酒佳肴，也不是说拒绝睡前消遣读物而选择平装本是怪异的做法。亚里士多德指出，每个人都会饥饿和焦渴，大多数会有性欲——这是对动物存在的器官反应。我们可能有不同的口味或周期性的性欲，但我们仍然渴望"某些东西"。亚里士多德写道："如果有人觉得没有什么更令人愉快和吸引人的了，他一定与众不同。"

亚里士多德的观点需要谨慎对待。消沉会导致普遍缺乏欲望。"我看了很久，"F. 司各特·菲茨杰拉德（F. Scott Fitzgerald）在《崩溃》（"The Crack-Up"）中写道："我不喜欢人和事，只喜欢那种摇摇欲坠的老掉牙的爱好。"13 世纪时，托马斯·阿奎那同样写了关于怠惰或懒惰的文章："一股难以忍受的悲伤，对于一个人的思想太过沉重，以至于他什么也不想做；因此酸涩的东西亦是冰冷的。"或许因为修道院与"正午恶魔"无聊做斗争，基督教神学家比异教的希腊人对这种麻木的生活更敏感。他们相信懒惰首先会使僧侣们远离食物或同伴，而后最终远离神性本身。

但亚里士多德的大体观点是明确的。需要谨慎的是放纵而不是厌食，因为这是更常见的恶习。文学也是如此。在读者中，暴饮暴食比冷静节制要容易得多，厌食则更少。

尽管如此，偶尔也有反对者建议取消书面语。不是因为过分骄傲或懦弱，而是因为文学上的过剩——再多一个词语都会有害处。

19 世纪的德国哲学家叔本华对阅读持怀疑态度。不是因为他是个庸人。恰恰相反，他认为文学作品是"心灵的精华"——心灵的升华。叔本华自身是一位颇有修养的作家，他热衷于佳作。从他在《论阅读和书籍》（"On Books and Reading"）中的格言可见：

> 没有什么事情比阅读经典作家的著作更能调节身心，这样的书即使只读半小时，也会令人恢复精神、获得解脱、得到净化、变得高尚，仿佛泉水沁人心脾。

叔本华认为最好的书值得读两遍。第二遍允许更精细、更具反思性的解释，因为在开头便知道了结尾，而整个作品的阅读都是在一种新的情绪中进行的。

本着这种精神，叔本华还反对糟糕的文学。我们都是凡人，他争辩道，剩下的日子就这么多了，为什么要浪费时间？这位哲学家详细描述了文学疾病的症候，并告诫读者不要服用这种"智力毒药"，因为这种毒药会使人感到恶心。例如，文学和科学的历史充满了事实，却没有思想。他认为，历史学家为其喜鹊式的囤积而自豪，但是这些贮藏的姓名和日期对我们理解世界毫无帮助。对真正的学者来说，材料的简单组合并不令人满意。"这就像是在饥饿的时候读一本烹饪书。"叔本华引用科学家和讽刺作家利希滕贝格（Lichtenberg）的话写道。

化石与杂草

然而叔本华对阅读也很谨慎。在《论自我思考》（"On Thinking For Oneself"）中，他认为思考与阅读往往是矛盾的。思维是自由和自发的，是知识先锋的工作。而阅读通常是盲从和乏味的，软弱的灵魂依赖性太强，无法自我反省。伟大的哲学家会认真地浏览页面，因此，他们有着"广阔的"洞察力，而且这种洞察力会不断扩展。但大多数读者缺乏这种力量。他写道："通过阅读获得的思想与自身涌现的思想相比，如同史前时代的植物化石痕迹与在春天萌发的植物相比较一般。"叔本华不仅认为论文和随笔是死气沉沉的，还将文学作品视为有毒的杂草，认为这些杂草侵入了我们的心灵。要培养真正属于自己的思想，我们就必须抵制外来思想的影响，使自身的思想得以发展。其结果是增加了自由——一种自我塑造，而不是由"外来的"他者塑造。

重要的是，叔本华并没有在生活的学校争论不休。他反对仍然流行的一种普遍观点，即在日常的生活中足以获得智慧——就好像仅仅与世界碰撞就能获得洞察力。他认为"纯粹的经验与思维的关系，就好比进食与消化的关系"。经验必须通过思考实现转化，而不是简单地反刍。只有经过深思才能获得真知。

对叔本华来说，阅读往往会干扰思考。他认为，我们只是在思考"猿"这个词最弱的意义。我们大部分认知能力都付诸谋生，服务于我们最原始的渴望。我们出生，为填饱肚子而奔波，然后死去。我们很少停下来质疑存在的意义——只是试图忍受它。他解释说："人就像其他生物一样，是可怜的动物，人的能力只为刚好能够维持自己的生存而设。"叔本华认为，试图真正理解这个状态是痛苦的，这就是为什么我们经常求助于文本。这些文本没有揭露人类的状况，而只是提供了一个转移注意力的机会。他说：

"让一个人没有自我思想的最稳妥的方法，就是在空闲的每一分钟都捧着本书。"

在叔本华的夸张的修辞上加上一点传记性的事实是很重要的。作为孩子、学生和学者来说，他是一个普通的读者。尽管他警告人们读书的害处，但这位哲学家自己的书架上仅关于科学的书籍就有近二百卷（他曾在哥廷根大学学医）。当他选择在曼海姆（Mannheim）或法兰克福（Frankfurt）定居时，当地图书馆亦是他计划考量的一部分。传记作者吕迪格尔·萨弗兰斯基（Rüdiger Safranski）报道说叔本华一成不变的日常生活通常在独处和印刷纸中度过："他晚上待在家里读书"。不管他公开地对文学抱以什么态度，他的个人爱好仍然是可以预见的与书有关。

接下来的描述不那么直白，但仍然耐人寻味。叔本华尊重伟大的著作，并将自己归为最重要的思想家之一，具备独立的头脑，独特的风格。他博学多才，专注于艺术，鄙视雇佣文人。但他也认为阅读是对解放的威胁，是对令人烦恼的观念和冲动的屈服。思考好比人天生的四肢，而阅读别人的思想可能只是黏附在我们身上的"假牙、蜡制的鼻子"。叔本华给人的印象是，对文本的兴趣减退可能是有益的。通过远离书本，至少在一段时间内，我们可以重新获得大脑的自由，去面对生活中无意义的痛苦。

有趣的是，叔本华的逃避哲学强调了欲望的缺失。在

《作为意志和表象的世界》（*The World as Will and Idea*）一书
中，他主张我们必须发展一种理智的知觉，领悟世界，却
不占有它。叔本华认为，真正的哲学家放弃了普通人的欲
望，转而以吠陀的平静来思索宇宙，这在很大程度上归功
于康德，也归功于柏拉图。意志否定了自身，导致了一种
自由的虚无。这位哲人丧失了对阅读的强烈冲动，最终，
对其他一切事物也是如此。

这与亚里士多德的厌食症相去甚远，但有一方面一致：
缺乏欲望。更重要的是，叔本华认为这是一种美德，而不
是一种恶习。他建议，没有阅读的欲望是健康的，只要这
来自一种更深刻的渴望——理解世界并在一定程度上克服
它。至少，对我们大多数人来说，阅读是对知识独立的威
胁。我们无法像天才和真正的思想家那样"直接去读自然
之书"，我们若要阅读就得自担风险。

铅灰色的天花板

弗里德里希·尼采曾经是叔本华的研究者，与其观点
相近。同这位德国哲学家一样，尼采对文字的看法是矛盾
的。他赞扬伟大的文学作品（包括他自己的）。他是一位
才华横溢、博览群书的学者，熟读雅典戏剧和德国诗歌，
以及法国哲学。他意识到了早期死记硬背的价值，这种做

法将头脑塑造得灵活而强健。他在笔记中写道，一个没有
受过良好教育的人"一生都没学会走路……每走一步，松
弛的肌肉就暴露出来"。对尼采来说，读书和其他技艺一
样。它需要纪律和定期锻炼来培养可靠的习惯。在《人性
的，太人性的》中，他赞扬了他研究的学科——哲学，因
为它促进了诠释性的关怀：精致、缓慢、敏感的阅读。他
的自传《瞧，这个人》(Ecce Homo)①中有一幅理想读者的
肖像，"一个充满勇气和好奇心的怪物……灵活、狡猾、谨
慎，天生的冒险家和发现者"。尼采理所当然认识到文字需
要美德，即使他掏空了这些道德意义。

　　但尼采也嘲笑学者，认为他们在几十年的文本研究中
麻痹了自我。他认为，那些思想主要来源于书本的人，根
本就不会思考。文学思想所处的氛围不过是笨拙的、沉重
的、陈腐的和令人窒息的；保守主义和机械行为论的混杂。
他写道："每一种工艺品，即使它应该有金色的地板，它上
面也有一块铅灰色的天花板，不断压迫着灵魂，直到它变
得古怪扭曲。"在《作为教育家的叔本华》("Schopenhauer
as Educator")中，他还主张，学者们常常由于无聊而不是
好奇心拿起书本。他们寻求刺激，而不是娱乐，即矛盾的
刺激或奉承的认同带来的短暂快感。

---

① 尼采的这本自传中文译本的书名既有《瞧，这个人》，又有《瞧! 这个
人》。——编者注

尼采坚持认为，长途漫步和山野的新鲜空气比花费数
小时研读三段论更令人振奋。部分是生理原因。他从瑞士
巴塞尔大学退休的原因之一便是疾病——恶心、头痛和眼
疾。他实在因读书感到痛苦，在《瞧，这个人》中写道：
"单单我的眼睛就终结了所有对书的喜好。"但是，与他的
普遍哲学思想一致，尼采把他的弱点看作一份馈赠，帮助
他掌控自己的想法。他思考和写作的方式与19世纪的人格
格不入，他认为他们的作品令人窒息。知识分子传记作家
R. J. 霍林代尔（R. J. Hollingdale）这样描述尼采后期的作
品——"一个自说自话的异类"，说明了这位哲学家在文学
上的孤独。他经常是一个人，他对书籍的反应与这种庇护
相呼应。他排斥文字。"我们很少读书，"他在《快乐的科
学》（The Gay Science）中写道，"但也因为这个缘故没有变
得更糟。"

和叔本华一样，在此谨慎是至关重要的——尼采使用
"很少"这个词来描述自己的阅读是虚假的。实际上他经常
携书旅行，光顾书店，也从朋友那儿借书。在每搬到欧洲的
一个新地方之前，他总要检查当地的图书馆。研究尼采的学
者托马斯·布罗比耶（Thomas Brobjer）估计，在尼采神
志清醒的最后四年里，这位哲学家买了大约一百本书——
平均每两周读一本。叔本华指出，仅仅收集书籍并不能理
解它们。尼采给其中的许多都做了注释（"是""否""好

极了"），并在他的笔记中提到更多。1887 年至 1888 年，他阅读了包括巴鲁赫·斯宾诺莎（Baruch Spinoza）、康德和约翰·斯图尔特·穆勒（他称之为"平头"）在内的哲学家的著作，还有陀思妥耶夫斯基、司汤达（Stendhal）、波德莱尔（Baudelaire）的小说或诗歌，还有托尔斯泰（Tolstoy）的宗教学说。布罗比耶写道，尼采的"阅读对他自身有着巨大的意义……他为了阅读牺牲了很多"。孤傲的打破旧传统者的浪漫传奇需要修正。

尽管如此，如果尼采专心阅读，他同样试图在湖滨遐想中，将自己的思想通过八小时的步行与书本隔离开来。和叔本华一样，他认为阅读往往是对诚实和独创性的威胁。虽然他认为前人那种沉思式的逃避现实是失败的悲观主义，但他认同叔本华对书籍的反感，希望克服对书本的渴望，保持自己的本心。他讽刺那些才华横溢的学者，被经院哲学弄得筋疲力尽——"只有火柴才能将其点燃"。如果尼采没有达到自己的燃烧的理想，这个理想本身仍然会引起这样一个问题：没有阅读的欲望真的是有益的吗？如果毫无节制是一种恶习，那么厌食症呢？

背 离

叔本华和尼采既不是人们自发信任的圣哲也不是众人

谴责的伪君子。留心他们的作品，并认真对待他们的警告是有益的。他们的个人习惯同样能够说明。他们揭示了哲学家们所珍视的东西，而不是他们所相信的或者想让读者相信的东西。两人都专心致志地著述，并满怀热情地阅读。但两人也对二次解读或站不住脚的解释持谨慎态度，反感拾人牙慧和缺乏自发性的思考。两人都以其他追求来补充自己的学习。在一天的写作、吹笛和遛狗之后，叔本华主要在晚上读书。（传说，在法兰克福，这个品种的狗因为他变得流行。）除了书籍和信件，尼采还喜欢森林、湖泊、舞蹈、歌剧，还有——就在他临终前——意大利咖啡和冰激凌。

为了理解他们的思想和生活，用美食做类比是有启发性的。文学厌食即缺乏食欲，但不是因为角色令人厌恶或争论令人不快；也不是因为我们生病了，觉得花言巧语令人倒胃口。而是因为我们的生活被各种书籍、小册子、杂志或社交媒体的片段充斥，莫名其妙就饱了。尼科斯·卡赞扎基斯曾称自己为"母山羊"，只不过饥饿时，以纸和墨水充饥。厌食多半在未来得及饱读诗书时就已经发生了：我们这些山羊吃饱了。

正如叔本华和尼采的例子所揭示的，对阅读感到厌恶不一定是因为疲劳——头靠在枕头上，睡眼蒙眬，蜷缩着。事实上，疲惫的时候看书可能会获得奇特的回报。目前，我的床头书是伟大的意大利学者兼出版商罗伯托·卡拉索

（Roberto Calasso）的《热情》（*Ardor*）。作为关于吠陀神话和哲学的典型研究，《热情》以韵律散文形式呈现，可能会晦涩——至少第一句就是这样。但我能够认识到自己的困惑，不会因我的迟钝责备卡拉索。他的作品激发了一种形而上的幻想，这种幻想使梦想更轻松，并为其实现创造了条件。理解总是姗姗来迟。从这个意义上说，疲惫可能会——有时也应该——结束严肃的学术研究，但这并不意味着停止兴趣。

厌食实际上可能发生在注意力最集中的时候，即感觉敏锐、才智出众的时候。它是这样一种感觉，无论我们在读什么，暂时无法获得更多。我的早晨用在阅读叔本华和尼采的书上，从前者对富贵闲人的谩骂开始，他们把时间浪费在肤浅的作品上。在《附录与补遗》（*Parerga and Paralipomena*）的《论阅读和书籍》一文中，叔本华轻蔑地说道，他们有如"田间野兽"。叔本华抨击了被他人的思想牵着走的消极行为，以及作家牟取暴利的腐败行为。他认为我们应该采纳受过教育的读者的建议而不是专家的建议，并将文学史描述为"畸形博物馆目录"。整个气氛是打破传统的蛇鲨①，笑声夹杂着犹豫。我对叔本华的讽刺会心一笑，同时眯着眼睛看着他那乖戾的高傲姿态。他在结尾写到最

① 蛇鲨是英国儿童文学作家刘易斯·卡罗尔所作诗篇 "Hunting of the Snark"中作者想象出来的怪物。——编者注

优秀的作家的遭遇是被残酷而愚蠢的公众"折磨致死"。简而言之，作者是受害者。

我的目光从关于高尚的殉难的描写转向叔本华哲学的继承人——《瞧，这个人》中的尼采。再次摆出不友好的姿势，推开一群粗俗而恼人的暴徒。尼采把自己的伟大解释为一种品味：不仅要对大众文化说"不"，还要确保自己不"需要"说"不"。他写道："一个人只能通过不断的需求来逃避，变得太虚弱则无法再为自己辩护。"尼采的例子很能说明问题——书籍。他认为，浪费早晨的精力在阅读上是"邪恶的"——这是另一个因他人的刺激浪费潜能的例子。像叔本华一样，尼采批评他的时代，并推崇玄妙的孤独。但这位年轻的哲学家更是受本能驱使，就像一只保护自己的动物。与其说是天才，不如说是豪猪。如果尼采认为自己凌驾于他人之上——他的确如此——那不是他更高的道德标准，而是他的自私将其拔高。他足够强大来承认自己的弱点，并巧妙地进行弥补。这些自传性文字激起的不是自夸或怜悯，而是一种热忱；对自身能量的意识不断增强并迫切要求释放，是一种对健康而不是对准确信息的关注。

我兴高采烈地读完《瞧，这个人》，却对深入阅读毫无兴趣。这些话诙谐、挑衅、睿智——这不是对叔本华或尼采的诽谤。不过，现在我已经读够了。这在一定程度上是因为尼采传达了不牢靠的新陈代谢信息，这种信息提倡运动而不是久坐不动地浏览。我突然意识到我的身体——尼采在《查拉图斯特拉如是说》（ *Thus Spoke Zarathustra* ）中称之为"伟大的智慧"。这位哲学家在果园漫步，站在他的"思想之树"下。我会在院子里，在被常春藤和蜘蛛网围起来的篱笆旁，紧张地翘首以待。但我合上的平装本讲述的不仅仅是尼采式的身体姿态。在他的哲学的熏陶下，我的觉悟也达到了一定高度。我意识到导致厌食症的不是刻意的计算，而是对文学营养的感受。尼采的看法帮助我更好地理解尼采的判断。读完叔本华的《附录与补遗》后，我又读了《瞧，这个人》，觉得自己充满了想法和感想，需要消化这些，而不是摄取更多。

厌食症不是美德，而是节制的一部分。正是兴趣的丧失标志着更深刻的承诺。我想了解这些思想家作为读者的样子，就必须停止阅读他们的著作。第十次解析这些段落可能会让我忙得不可开交，但这不会增加论据。额外的学习时间会破坏我的研究。与其说我在提炼这些必要的概念，倒不如说我只是收集其他的概念：叔本华在柏拉图或相面术方面的想法，尼采关于他的母亲或瓦格纳的想法。就像《星际迷航》一样，我会在熟悉的事实和语句中得到安慰，比如赞同讽刺文体家的不屑之辞。通过继续阅读，我会分散自己的思想，不能把思想转变成散文。最好把这些书卷堆起来，然后走开。

正 义

不，我说不，我不会

　　弗吉尼亚·伍尔夫受够了，并且有些厌恶。是不是因为利顿·斯特雷奇①问她姐姐白裙子上的污点是不是精液？不，那发生在十多年前，那时有色玩笑还很前卫——伍尔夫笑了。（"圣水似乎淹没了我们。"她后来写道。）是要和一位《时尚》（Vogue）编辑买衣服吗？不，这还没有发生，引起的恐惧多于厌倦或厌恶。"我浑身发抖，"她谈到计划中的零售之旅时说，"任务之艰巨令人震惊。"1922年8月，伍尔夫的愤怒带有典型的书卷气——她看了二百页詹

---

① 利顿·斯特雷奇（Lytton Strachey）是 20 世纪初英国著名传记作家、文学评论家。——编者注

姆斯·乔伊斯的《尤利西斯》。

　　两年前，在《现代小说》（"Modern Fiction"）中，她谨慎地赞扬了这位鲜为人知的爱尔兰作家的"精神"写作。乔伊斯拒绝呈现一个显而易见的客观世界，反而呈现了一个变化无常、模糊不清的世界。伍尔夫为此感到鼓舞，但她也痛惜乔伊斯的偏狭和粗俗——她喜欢他的印象主义，却不喜欢他给人的印象。如今，伍尔夫的戒心变成了敌意。她在日记中写道，这部小说开头写得很好，但很快就像是在看"一个反胃的本科生挠青春痘"。那个月晚些时候，她宣布《尤利西斯》毫无意义，并庆幸自己没有义务写关于它的东西。它太晦涩了。到了9月，伍尔夫读完了这部小说，称它是"不通顺的"。这是一部不庄重的、做作的幼稚作品。这部作品本是有希望的，但被乔伊斯的"乳臭未干的男学生"的观点破坏了。伍尔夫写信给她的朋友，艺术家兼评论家罗杰·弗莱（Roger Fry），形容《尤利西斯》是一个痛苦的负担。同欣赏马塞尔·普鲁斯特的《追忆似水年华》相比，看乔伊斯的作品更像是一种履行职责。她被绑在那里，如同"殉道者被捆在火刑柱上"。伍尔夫并不是因为乔伊斯而感到无聊或坐立不安——她的反应是发自内心的。

阴险的敌人

在《如何去读一本书？》中，伍尔夫写下了正义的愤怒，一个读者对挥霍无度的作品的蔑视。伍尔夫问道："浪费我们时间和同情的这些书籍，难道不是罪犯吗？那些伪书、劣书、充斥着腐朽和弊病的书籍的作者，难道不是社会上最阴险的敌人、腐败者、亵渎者吗？"

伍尔夫并不是在建议嘲弄或抱怨。她认为，文学应该受到严格的审视，即对作品整体进行判断，同优秀的作品如简·奥斯汀的《爱玛》（*Emma*）或丹尼尔·笛福的《鲁滨逊漂流记》（*Robinson Crusoe*）做比较。杰作是完整的，"没有很多暗示或迹象，"她在《图书馆里的时光》（"Hours in a Library"）中写道，"用一大堆不相干的想法来戏弄我们。"这些关于充分性的观点提供了文学标准，可以对照这些标准来评价作品。这反过来又为艺术本身注入了生命。作为小说家和藏书家，伍尔夫相信读者的观点散发到了语言的氛围中，然后被作者吸收。作家们可能看不到这种呼吸，但这过程在他们身上发生——"即使永远不会出版，它也会与他们对话。"伍尔夫写道。因此，读者有一个重要的责任：对文学世界尽责，对他们自己尽责。

但是伍尔夫对乔伊斯的侮辱是残酷的。她不仅分析他的语言、逻辑，还诋毁他的性格和阶层。在《贝内特先生和布朗夫人》（"Mr. Bennett and Mrs. Brown"）中，伍尔夫把《尤利西斯》描述为"一个绝望的男人有组织、有计划的猥亵行为"。她的日记更尖锐，把作者贬低为无产阶级自学者。"我们都知道他们是多么令人痛苦，"她继续说，"多么自大、固执、粗野、引人注目，总之是令人作呕的。"对伍尔夫来说，乔伊斯是一个发育迟缓的艺术家，缺乏上流社会的教育和培养。她暗示，像 T. S. 艾略特这样的弱者才会渴望这种原始力量，而不是像弗吉尼亚·伍尔夫这样的"正常"的资产阶级。

伍尔夫公然的阶级歧视很容易被人们指责，但她的立场却有些许微妙之处。在她的许多文章和演讲中，伍尔夫认同她所谓的"普通读者"，这些人没有受教育的特权，更不用说大学培训了。传记作家詹姆斯·金（James King）形容她和她的姐妹们的教育是"残羹冷炙，仅靠父亲和兄弟们施舍一点点知识"。在《斜塔》（"The Leaning Tower"）中，伍尔夫置身于那些不得不侵入富裕阶层的局外人之中，也许会像他们一样，将自己的地盘弄得一团糟。伍尔夫的修辞有一种民主之音，她认为应该是"我们"来决定教什么，思考什么，以及阅读什么——而不是几个有钱的男孩。评论家德斯蒙德·麦卡锡（Desmond MacCarthy）认为这是一种不诚实，当他指出她的家庭财富和地位时，伍尔夫愤怒地回复了他。"不，不，不，我亲爱的德斯蒙德——我真的必须抗议，"她私下写信给他，"我从来没有坐在塔顶上！别把我可怜的一百五十英镑的教育和你的相提并论。"
伍尔夫是一名中产阶级女性，她的男性朋友——包括她的
丈夫伦纳德——都在牛津或剑桥接受过教育，她写作时却
觉得自己与所教授的工人阶级有种天然的亲近。

不过，麦卡锡的矛头，尽管带有性别歧视和优越感，
却并未跑偏。与朋友相比，伍尔夫缺乏高校教育和公众地
位。与英格兰大部分人相比，她是精英中的一员。这位小
说家出身于维多利亚时代的中上层阶级。"他们的活期账户
里……总是有几百英镑的结存，"伦纳德·伍尔夫在《重新
开始》(*Beginning Again*)中写道，"当账户跌破零，天堂和
正义都会随之崩塌。"她的父亲是 19 世纪著名的批评家莱
斯利·斯蒂芬（Leslie Stephen）。得益于家中丰富的藏书，
伍尔夫十几岁时便开始了文学探险——正如传记作者赫尔
迈厄尼·李（Hermione Lee）所说，她畅游在书架间，"沉
迷于此，变得逃避现实并且野心勃勃"。这是与同时期劳伦
斯（D. H. Lawrence）这样的工人阶级的童年截然不同的环
境，劳伦斯的父亲是一个暴力、酗酒的矿工。被排除在男
性特权之外的弗吉尼亚·伍尔夫，享受到了这种资本在经
济、社会和文化上的回报。她是雇佣无产阶级的人，而不
是被雇佣者。

当伍尔夫把《尤利西斯》描述成一本"下流的"书时，
她的阶级显露出来。对她来说，这个爱尔兰小说家并不像

女仆那样迟钝（"从 8 点到 1 点 15 分跟仆人谈话……太无聊了……"），也不像乔伊斯的同伴那样愚蠢（"你认为所有下层阶级天生就是白痴吗？"）。但他的出身似乎触怒了伍尔夫，仿佛她是在躲避平民的臭味——亲眼看见她谈论生肉、脓液和反胃。即使没有这些隐含的意义，伍尔夫对乔伊斯的回应也是贵族式的。她对待他就像维多利亚时代的男人对待她自己一样，他们把她看作一个可怜的人，才华横溢，却缺乏管束。乔伊斯是"那些将要诞生的天才之一"，他需要一个善于分析和猜测的有经验的助产士——她不愿忍受这种劳动。

美德印记

值得称赞的是，伍尔夫知道自己有偏见。在日记中，伍尔夫承认她对《尤利西斯》的态度既不谨慎也不够宽容。她只读了一遍，这是一本她不理解的"晦涩"小说。她没有改变自己的判断，主要是因为她没有马上被小说所折服——乔伊斯胡乱扫射，她写道，而托尔斯泰对脸猛地一击。尽管如此，伍尔夫承认她的结论不是决定性的，也不是最终的。她在《美利坚民族》（*American Nation*）中读过一篇回顾《尤利西斯》的深刻文章，更明确地把握了作品的意义。很明显，读完短评后，她在日记中写道，她故意反对乔伊斯。抛开 T. S. 艾略特的称赞（或者可能是因为它），"我是刻意支持自己的"。

　　这正是伍尔夫所说的"不要"做的事。她的《如何去读一本书？》强调了慷慨，即将自己全部奉献给作品，不疏远或有所保留。她认为，读者是作者的同伴与拍档。在批评任务开始之前，两者必须共同努力，用语言创造一个世界。伍尔夫认为"如果你犹豫不决，一开始就保留并批判，那么你就是在阻止自己从阅读中获得尽可能多的价值"。这需要关注和同情，尽可能地做好成为作者的准备。伍尔夫坦率表示，她不愿意或没有能力做到乔伊斯这样。部分是因为她的阶级歧视，也是因为她的焦虑。作为一个"精神性（意识流）"小说家，乔伊斯是竞争对手。正如伍尔夫嘲笑她的对手凯瑟琳·曼斯菲尔德[①]以减轻嫉妒带来的刺痛感，她对这个爱尔兰人保持距离，拒绝接近他。

　　这并不意味着《尤利西斯》是一件完美的艺术品，也不意味着伍尔夫不得不屈从于乔伊斯文章的特质。就我个人而言，《达洛维夫人》是更感人的作品，更细致、更深入地刻画了人类的脆弱和亲密（或疏离）。伍尔夫的不足是吹毛求疵：她没有给自己机会欣赏甚至承认乔伊斯的成就。她退缩了。弗吉尼亚·伍尔夫以其博学、睿智和洞察力，

―――――――――

① 凯瑟琳·曼斯菲尔德（Katherine Mansfield，1888—1923），短篇小说家、文化女性主义者，新西兰文学的奠基人。——编者注

低估了《尤利西斯》。"毫无疑问，"她在日记中写道，"我对它的评价过于草率，这是不公平的。"

由轻微的迹象所引导

伍尔夫没有仔细阅读就嘲讽乔伊斯的小说，这是不公正的。这似乎过于刻板或教条主义——就好像格拉布街①的警察可能会指控伍尔夫犯有刑事罪行。但正义在成为法则之前，更多的是一种道德冲动。正如麦金太尔指出的，正义因传统而异——从荷马到柏拉图，从亚里士多德到奥古斯丁。不仅是正义本身，还有我们理解正义的逻辑和支持正义的价值观。想想英王爱德华时代和乔治王朝的作家之间激烈的审美冲突，他们之间只隔了一个时代，就像 H. G. 威尔斯和伍尔夫自己。时间上的几个世纪和地域上几千英里的差别可以深刻地改变我们的正义感。

但从最基本的角度来看，正义就是愿意并且有能力把别人应得的东西给别人。在这方面，这是一种明显的社会公德，关心他人胜过自己。亚里士多德写道："不公正地对待自己是不可能的。"

亚里士多德的意思并不是说我们从不看轻或低估自己。

① 格拉布街（Grub Street）位于英国伦敦西区，是一条以新闻出版产业著称的街道。——编者注

他对懦弱的解释很清楚：有时我们未能称赞自己的才能或成就。弗吉尼亚·伍尔夫对自己的小说充满了痛苦的怀疑，丈夫的赞扬几乎不能缓解这种怀疑。〔"我必须把校样像死猫一样交给伦纳德，"她在《岁月》（*The Years*）中写道，"告诉他不要读，直接把校样烧掉。"〕这对亚里士多德来说是一种恶习，但严格来讲算不上不公正。正义关涉我们对待他人的方式，而我们自己内心的不和谐只是比喻意义上的不公正。

亚里士多德指出，我们可以偷窃荣誉和装饰物，我们可以把身份和肉体一同伤害。但是阿奎那提出了正义的文学方面——他称之为"一种习惯，一个人通过一种恒久的意志把每一个人应得的东西提供给每一个人"。他在《神学大全》中提到了对名誉和身体的伤害。最严重的罪过是公开谴责一个被扣上莫须有罪名的人，然后武断地给他们定罪。但对阿奎那来说，连未明说的怀疑都是一种恶习。他写道："事实上，一个人没有充分的理由就认为另一个人邪恶，他过分鄙视他，因此伤害了他。"就伍尔夫而言，她在文章中表达了自己的怀疑，在书信中向朋友表达了怀疑，尽管她对乔伊斯最残酷的诽谤是私下的，她的书信侮辱是阿奎那所说的"诽谤"——玷污某人的名声，但不发表。

弗吉尼亚·伍尔夫以这种方式读《尤利西斯》，肯定对乔伊斯不公平。但她并不是完全不道德。亚里士多德把不公正规整地分为四类：不幸、过失、不公正的行为，以及不公正的人品。最不令人反感的是一个简单的错误：有人输了，不知不觉，出乎意料地输了。疏忽源于无知，但可以预见，有过失的一方本应更清楚。亚里士多德说，强烈情感导致的犯罪，包括自负或愤怒的罪过。后果很明显，但我们没有理性地选择。亚里士多德写道："当人们做出这种有害和错误的行为时，他们的行为是不公正的，但这并不意味着行为者是……邪恶的。"真正堕落的灵魂，亚里士多德继续说道，是冷血的，他能充分意识到其中的含义，故意地剥夺了某人应得的东西。伍尔夫并不是这样恶毒。她的行为不过是一种不公正的行为。她不是被有意识的残忍所驱使，而是被愤怒和骄傲（一个才华横溢但焦虑不安的艺术家的傲慢）所驱使，被一介平民的大胆所冒犯。遵循亚里士多德的领导，阿奎那把这种行为归因于灵魂的非理性部分。阿奎那写道："当一个人憎恨或鄙视另一个人，生他的气或嫉妒他时，他会被一些细微的迹象诱导，认为别人是邪恶的。"伍尔夫在与自己蓬勃发展的小说较劲时，很少看到乔伊斯的肉欲中的艺术性粗俗，认为这一切都太随意了。

公　正

　　1941 年 1 月，詹姆斯·乔伊斯在苏黎世死于溃疡穿孔。自从伍尔夫第一次读《尤利西斯》以来的几十年里，她几乎未在作品中提及他。在日记中，她回顾了这位爱尔兰作家的年龄——他们几乎是同龄人。她的话语有一种结盟的暗示，仿佛伍尔夫回顾这位文学伙伴时没有那么多恶意。她回忆说，由于觉得这本书"下流"，她把它放在抽屉里，随后在凯瑟琳·曼斯菲尔德来访后把它拿出来。但最令人印象深刻的是，她生动地描述了书中的狂喜和平庸。"我买了那本蓝皮书，用一个夏天在这里读了它，我感到一阵惊奇，"她写道，"随之而来的是极度无聊。"厌恶和轻蔑的意味消失了，取而代之的是一种奇怪的惊奇和乏味的混合。伍尔夫对乔伊斯的缺点保持沉默，只考虑她自己对小说的深思熟虑的反应。批评家们可能会对《尤利西斯》的缺点提出异议，发现自己对该书像被施了魔法般毫无倦意——就像其他人对维特根斯坦或普鲁斯特的每一页都感到莫名其妙的兴奋一样。但如果这是真的，这仅仅意味着伍尔夫是轻率的或太过骄傲的，而不是不公正的。在去世前三个月，弗吉尼亚·伍尔夫对乔伊斯恢复了公正所要求的平静。她把一个过于亲密的对手变成了一个疏远的合作者。

　　伍尔夫不需要通过崇拜乔伊斯以表现公正。她必须补偿自己的创作痛苦和资产阶级的高度专横——这是一种通过时间而不是努力获得的救赎。但这几十年只揭示了已经存在的东西——对优秀文学的慷慨关怀。伍尔夫一直渴望在散文、写作和敏锐方面取得卓越成就，尽管她自己的作品光彩夺目，但她也是一位热情的读者。例如，她对普鲁斯特的态度是一丝不苟但又热情赞扬。（"一个人必须放下书，喘气。"她在给罗杰·弗莱的信中写道。）在她习惯性的公平背后，首先是对作品的热爱，她在《如何去读一本书？》中表示，愿意全身心投入其中。但正义也要求更广泛的关注，不仅仅是对特定小说或散文的关注，还包括对它们的共性的关注。"因此，"她写道，"以我们的品位来指导我们，我们将冒险跳脱出特定的书，寻找将书籍分类的特性。读书不仅带来满足，也带来标准。"

在这一点上，伍尔夫的做法是阿奎那所说的公正的意志，即"被理性的正直"控制。神学家将意志称作他所谓的"理性胃口"——一种能够理解和思考其想要什么的渴望。他相信人类在这方面是独一无二的。动物和植物有趋向和冲动，但这些都不是完全合乎逻辑的。我们不仅可以思考手段和目的，而且可以思考为什么这些目的是值得的；它们维护或破坏什么更高的利益。意志作为一个无形的木偶操控者，移动着喜好与肉体，这种仍然流行的想法是可疑的。不过，阿奎那的思想有些高洁，很有帮助。正义是可能实现的，因为意志是服从思考的，因为作为读者，我们可以用轭和地图来控制我们微小的渴望。

这种正义并不需要一个普遍的、永恒的卓越法令。正如亚里士多德所指出的,我们有时需要一个统领:一个符合具体情况的可延展的价值观念。弗吉尼亚·伍尔夫正是这样丰富了她对文学美德的理解:"只有通过与书籍本身接触才能永久地破坏规则。"为了达到这种对文本的敏感性,我们必须克服自我中心主义或对简单概括的欲望。我们允许自己兴奋或倦怠,激动或反感,但也要试图弄清楚作品的渊源:思想流派、审美传统、文学技艺中的文化因素。如果我们想要评判作者,就必须把我们的怪癖和爱好与他们的区别开来,我们的设想与他们的意图相反,我们潜在的造诣与他们实际的成就相抵触。在伍尔夫的例子中,她必须区分合理的失望和蔑视乔伊斯的恶意、区分存在性威胁与历史勾结者、区分阶级标记和审美缺陷。虽然她没能在《尤利西斯》上做到这一些,但她对文本的整体处理方式是公正的。伍尔夫对这一行动的描述,从经验到检验,说明了她审慎的鉴赏力:

在没有书本的情况下继续阅读,用一个影像填补另一个,保证足够广泛的阅读和充分的理解,使这样的比较生动而有启发性——这是困难的;更困难的是深入进去,然后说"这本书还可以,而且有一定价值;此处是败笔；彼处是妙笔；这本书不好；那本书太好了"。

这并不是说伍尔夫和阿奎那在至善的观念上是一致的，甚至不是说基督教神学家的纯粹神性终结是可能的。而是说，这种简单的正义观解释了伍尔夫的创作方向：一种持续性的文明的趣味，偶尔会因自负、恐惧和嫉妒而失去作用。

整体的卓越

还有另一种读者的正义，这种正义呈现了一种广泛的文学理想，而不是单一的公平。亚里士多德在《尼各马可伦理学》中指出，立法推动美德的发展。一个好公民不会推脱义务，不会攻击同伴，也不会逃避责任——她会表现出勇气、节制和自豪。亚里士多德的观点是，为了在群体中更好地生活，我们实际上需要具备所有的优点——这些性情使得我们能够在任何场合给予他人他们应得的东西。他写道："从这个意义上讲，正义不是卓越的一部分，而是卓越的全部。"

拿《尤利西斯》本身来说。为了公正对待乔伊斯的杰作，我需要一大堆美德。在第十一章，布卢姆（Bloom）讲述了他会见一个爱尔兰共和主义者的经历。主人公描述了独眼龙的形象，盛气凌人地坐着，腰带上嵌着珊瑚石——

"许多古代爱尔兰部族的男女英雄形象"。接着是清单：
九十多个人物，从凯尔特传奇人物如身经百战的康恩，到
但丁、穆罕默德和贝多芬。如果没有耐心，就很容易遗漏
这些名字，文章也可能模糊不清——即使没有注意到每一
行，也可以把握要点。但是乔伊斯章节的妙趣横生源于荒
诞的缓慢积累，理性中点缀着愚蠢、直截了当的事实伴着
离谱的夸张。这一段还有喜剧节奏，这让我想起了斯图尔
特·李的喜剧：一种韵律与内容并存的幽默。如果只是匆
匆读过，就会错过乔伊斯的机智风趣。

　　《尤利西斯》也挑起了好奇心。伍尔夫眼中的学生般
幼稚的伪装也可能是"关于"学生般幼稚的伪装。第三节
是讲斯蒂芬·迪达勒斯（Stephen Dedalus）的意识流评论。
斯蒂芬从某种意义上说是乔伊斯的替身，在"普罗透斯
（Proteus）"一章中，这个年轻人在羊皮纸上尽情书写自己
的学识。仅前几页就提到亚里士多德、基督教神话、神学，
以及德国艺术批评，从英语（以乔伊斯的抒情模式）跳到
德语、法语和拉丁语。这不仅揭示了乔伊斯所受教育的诸
多来源，也揭示了主人公学习与焦虑的分歧。尽管斯蒂芬
在学校里表现得很勇敢，但他充满了怀疑和哀愁。他嘲笑
自己的文学抱负，并显露了对父权的矛盾心理，他对现实
和理论有着敏锐的思想，却沉迷于事物的虚无之中。这些
主题在他的理论参考中有所体现。阿里乌斯教讲授圣父和

圣子分离（"可怜的亲爱的阿里乌斯试图在哪结束？"），
但斯蒂芬似乎无法动摇父亲的存在。乔伊斯写道："我也是
在罪恶的黑暗中孕育，不是被他们生下来的，那个有着我
的声音和眼睛的男人，还有一个呼吸着灰烬的幽灵。"在
对围绕它的可能性世界一无所知的情况下阅读时，《尤利西
斯》便失去了它独特的艺术魅力。

这部小说还需要观念上的勇气。倒数第二章是一个回
归：斯蒂芬·迪达勒斯和利奥波德·布卢姆一大早就来到
了后者的家。和《尤利西斯》中的许多内容一样，它是以
一种独特的风格写就的——教义问答。乔伊斯运用了科学
和神学的抽象术语，而不是阳春白雪和下里巴人的（用伍
尔夫自己的术语来说）散文诗或新闻稿。我了解了小说本
身的信息——沉甸甸的事实使得小说更具可信度。但它的
呈现具有讽刺般的精确。在这一段的开头，利奥波德忘了
带钥匙，翻过墙，经过洗碗池进了厨房。此时，斯蒂芬还
在外面等候：

斯蒂芬瞧见了哪些互不相关的画面？

他倚靠在地下室前的栏杆上，透过厨房透明的玻璃
瞧见了一个男人在调节十四烛光①的煤气火焰，一个男

_____

① 原文为"CP（candlepower）"，用烛光数表示的发光强度。——编者注

人,点燃了一支蜡烛,一个男人依次脱掉两只靴子,一个
男人手持一烛光的蜡烛离开厨房。

这些段落既有趣又令人震惊,因为乔伊斯在动摇传统
小说。小说的定义往往是根据其逼真性——一种允许读者
忘记的风格。乔伊斯拒绝认同任何一种散文模式,不断展
示自己的写作技巧。尽管《尤利西斯》具有统一的思想、
主题和结构,它仍是一部支离破碎的作品,以不同的语言
给读者留下了不同的印象。由于做到了这一点,同时也呈
现了一个非常人性化的故事,《尤利西斯》尤其令人印象深
刻。尽管如此,我还是无法在不失去对经典直白的真实性
的信任的情况下阅读乔伊斯。至少,乔伊斯的抱负是压倒
性的:如何继续写? 这就是为什么 T. S. 艾略特如此坚持向
伍尔夫推荐《尤利西斯》。据说,他告诉她"这本书将是一
个里程碑,因为它摧毁了整个 19 世纪"。如果这部小说不
能呈现《达洛维夫人》错综复杂的心理,至少它成功地解
决了文学轻信的问题。在这一点上,它需要勇气去支撑阅
读,也许也需要勇气为认真的藏书家的幻想而悲伤。为了
公正对待乔伊斯,我必须勇敢地承认他导致的必要的损害。

虽然这不过是一部小说,但结论是显而易见的:完
美的读者不能单单依靠某一方面的卓越,而是多多益善。
不同的作品需要不同的美德——乔伊斯或许没有考验我

的节制，而伍尔夫的《论小说的重读》（"On Re-Reading Novels"）中的华丽辞藻所需的耐心远不及她所引用的维多利亚时期的作品。但是，要广泛地、公正地阅读，我们必须接近亚里士多德的理想。这并不是说要成为他所谓的"megalopsychos（有高尚灵魂的人）"，或大步流星、声音深沉的胸怀大志的人。这将是他的不甚超然的文学分身：一个不断努力发掘自身多方面优点的读者。

渴望收益

伍尔夫和乔伊斯的公认的宏大性使正义有了史诗般的感觉——就好像公平是留给奥林匹亚人的。但根据定义，正义适用于所有人。即使有些作者应该得到较少的赞扬，这也只是因为我们首先给了他们应得的报酬。这也适用于我们喜欢的作品，因为我们的奉承也可能是不公正的。

例如，洛夫克拉夫特笔下的故事是典型的下流故事——带有厌世主义色彩的娱乐故事。文章是过气的，情节少有意外、过于温和，情感单调乏味。"然后，在10月中旬，"他在《寒气》（"Cool Air"）中写道，"恐怖事件的恐怖伴随着惊人的意外降临。"具有讽刺意味的是，这样的短语恰恰实现了与意图相反的效果。洛夫克拉夫特的偏执也破坏了无邪的乐趣。他的作品，无论是未公开的还是发表的，都充斥着对其他种族和文化的鄙视，包括美国黑人、犹太人。他同样厌恶性和生殖。洛夫克拉夫特是一个庸俗的清教徒，他的散文比他的观点更有修养。公正对待这个人意味着承认他的丑陋的观点、长期的异化，以及有限的技巧。

不过这也意味着要面对洛夫克拉夫特的流行这个事实。数百万读者陶醉于他的小说，并没有沾染他的沙文主义或疏离。尽管他在讲述而不是展示，他不得当的高潮（"瞧，我在十八年前就死了"），他的心理狭隘，他在模糊和细节之间笨拙的不平衡——尽管如此，有时却没有什么能比一个晚上泡在洛夫克拉夫特的荒凉的新英格兰更引人入胜和令人振奋了。他的故事有一种真正的艺术，特别是他的克苏鲁神话，带给人一种不可救药的厌世情绪。这是令人难忘的。接踵而至的华丽措辞引发了冷漠的妥协：关于人试图应对超越自身的力量却失败了的文章。与此同时，洛夫克拉夫特使丑陋看起来很普通。他的幻觉是一个牧师的幻觉，而非神或英勇的王子。也许最重要的是，他所提供的不是对人类的研究，而是对人类宇宙的研究：一个丰富的、残酷的、全然陌生的无限。法国小说家米歇尔·维勒贝克（Michel Houellebecq）写道："在洛夫克拉夫特的作品中，没有遇到任何真正的人类样本。"说洛夫克拉夫特的兴趣在于那个令人费解的瓶子，而不在瓶子里的脆弱、迷惑的样本，并非不公正。作为短篇小说作者，他缺乏海明威，甚至博尔赫斯（他写了一部拙劣的洛夫克拉夫特的模仿作品）的庄严和微妙之处。但他的小说，无论是什么，在文学上都是令人震惊的。

艾瑞克·范·勒斯贝德写了许多畅销书，包括《忍者》，我在十几岁时怀着盲从（和躁动）的心态读了这本书。他的小说以英俊的主人公为特色，他们有着长满老茧的拳头，富有异国情调，此外小说涉及跨国阴谋、亚洲魔幻武术和大量的肉体隐喻。勒斯贝德在《忍者》中写道："当她引导他进入她的时候，她的性就像火炉一样。当他极度专心时，她用肚子撞击他。"为什么要把正在使用的剑放在熔炉里？没关系，她很热，他很深。勒斯贝德的文章遭到了几位评论家的痛斥。《纽约时报》（New York Times）写道："勒斯贝德特别喜欢描绘折磨的场景，但真正的折磨在于解读他的文章。"同一家报纸怒斥勒斯贝德的风格显示出"那些通过邮件教授写作的组织所珍视的繁荣"。评论家也拿这位小说家的东方幻想（古代亚洲神秘主义、两性学问和英勇战斗）说事。日本女性就像危险的折纸术，打开它是一种需要"无限的小心谨慎"的挑战，"充满了细腻的温柔和迂回的暴力"。事实上，勒斯贝德笔下的女性角色往往是单薄而脆弱的，人物性格缺乏深度和活力。

人们很容易轻视勒斯贝德的成就——大量平装本中的

拙劣措辞和迷信概念。他不是一个细致入微或学问高深的小说家。但作为一个青少年,《忍者》及其续集让我初次接触新的散文风格和哲学。勒斯贝德拒绝了单调的新闻用语,违反了高中语法规则(句子从不以"but"开头),并随意使用明喻。"对我来说,没有什么比一个没有风格的叙事者更糟糕的了。"他写道。在读了《忍者》二十年后,我不能说勒斯贝德的风格给我留下了深刻的印象。但他的语言非同寻常——它们似乎严肃地把自己当演员看待。勒斯贝德还写了大量的文章来解释日本的伦理、政治、历史和美学——从"面子"的概念到武士道准则,再到俳句诗。虽然他的分析过于简单,但这位小说家促使我更仔细地思考文化和历史。在这一过程中,他实现了自己的理想,出版了教育小说。为了公正对待作者,我必须克服自己的畏缩,然后承认:我为性和暴力而来,却因为教育逗留。

忏悔和修正

对读者来说,公正是一种愿望,当(愿望)落空时,公正就是一种矫正。无论哪种方式,都需要一种认真对待作者的意愿,通过敏感和批判地投入其中来认可他们的劳动。这总是偏颇的,因为作者通常只被认为隐藏在作品之后,或者在作品之中。无论作者是荷马这样的古代人物,还是一个健谈的节日小组成员，这都是事实：我们创造了作者。这并不是对作者的真实性进行油嘴滑舌地的拒绝。所有的关系都涉及一些猜测。我们把"内心生活"投射到别人身上，自己犯了数不胜数的错误。然而，这并没有阻止我们去理解和评判他人的成就——我们每天都在轻松地谈论失败和征服、贡献和破坏、大师和新手。文本也是如此。作者应得到她的报酬，即使这意味着质疑她的动机，或展现她的才华边界。

作为存在者和读者，亚里士多德所谓的"完全卓越"是极少的。我们可能草率、狭隘、自大。我们可能会抱怨和诅咒那些不为我们而写的作品，那些属于有着另一种情感、成熟或心境的读者的作品。我们或许会由于自己的分心或沮丧将作家撕个粉碎。这就是为什么公正作为一种特殊的美德是至关重要的——它弥补了我们其他的缺点。公正让我们至少在沾沾自喜地果断赞美或责备之前停下来。公正的读者区分情感和看法，在判断和宣告之间踌躇。她给予应有的承认，并不总是通过完美的解释，而是通过承认权益是应得的和不足的。是的，伍尔夫对乔伊斯是不公正的，也是如此不堪的。但她与公正的长期亲缘关系促使她忏悔并改正。

同时，我希望，我也能够如此。

杂物间

夏洛克·福尔摩斯是一个异乎寻常的人，但至少在一个方面是世俗的：他多半将书看作方便的东西。他在《五个橘核》("The Five Orange Pips")中说道："一个人应该在他头脑的小阁楼里装满他可能需要使用的一切。其余的东西可以放到他的藏书室里去，需要的时候，能够随时取用。"杂物间就是旧庄园里用来存放桌子、椅子、柜子的——一个方便储藏的房间。

对福尔摩斯来说，阅读只是一种发现事实的技巧。他搜集犯罪报告和知心大姐专栏（"总是令人受教"），这是他必不可少的断案技巧。在这里，读者纯粹是收集显而易见的材料，而唯一的疑问是可用演绎法推理解决的。文本失去了其特有的焦虑，成为头脑阁楼中实用的家具。

毫无疑问，书面语可以直接使用于说明书、摘要、符号和牌匾。但图书馆也是奇迹、梦幻和震撼的荟萃之地。同时期比柯南·道尔年轻的作家萨基（Saki）在他的讽刺短篇小说《杂物间》中呼应了这一点。故事发生在一个虚构的海滨小镇贾格伯勒，在那里，一个小男孩因犯错被罚。由于将一只青蛙倒进了盛着面包和牛奶的碗里，尼古拉斯被留在家里，而他的表兄弟们则去海滩玩。他姑姑愚蠢地试图阻止他进入醋栗园，所以尼古拉斯偷了一把钥匙，进入了宅子里锁着的杂物房。他发现了一幅挂毯，上面画着猎人、狗和牡鹿。尼古拉斯坐在一卷印度帷幔上，开始做白日梦。也许那个蹲在长草丛里的猎人是个可怜的射手。但如果这样的话，他在树林中狩猎时如何保护自己和猎犬免受狼的袭击？尼古拉斯继续如此，仍然瞒着他的姑姑。他发现了烛台、茶壶、一盒小雕像、一本关于珍奇鸟类的书——"那些吸引他注意的有趣的事物"。

　　这个男孩从来没有被抓到过。当一家人尴尬地坐在一起喝下午茶时，尼古拉斯相当安静。萨基写道："可能那时他正在幻想着，当野狼享用受伤的牡鹿时，那猎人同猎犬一起逃跑了。"幻想在继续着。

　　这是书页的激动人心之处——一些发现，往往在童年的时候，会激发创作灵感；当一个人远离家乡，独自面对危险的暗示；一个人在吃饭时心不在焉地幻想，如同啃骨头一般玩味。

比起夏洛克笔下的杂物间，我的图书馆的描写其实更
接近尼古拉斯的杂物间，这为本书提供了信息和灵感。

自由的记载

《伊索寓言》是一部可疑的道德故事大全，它常常试
图用痛苦和屈辱来启迪读者。我的柯林斯版《伊索寓言》
（1951年版），由哈里·朗特里（Harry Rountree）画插图，
字体巨大而密集，非常适合传达审慎的烦琐信息。

《一千零一夜》是纯粹的冒险之作。理查德·伯顿的著
名译本仍然是一个奇迹，这个版本第一次出版时曾被认为
是色情作品。倘若不是因为他对阿拉伯语言和文化的忠诚，
就是因为他对英语的调戏。我的版本（阿瑟·贝克出版社，
1953年版）同样有着令人躁动的插图（W. H.卡西尔所作），
其中包括——我童年时看到的——裸露乳头的奇异王国。

虽然伊妮德·布莱顿的文章和偏见已经过时，但她的
《远方的魔法树》仍然是了不起的：树枝把无人陪伴的孩子
带到难以置信的地方。多萝西·惠勒（Dorothy Wheeler）
的配图，在我的版本（乔治·纽恩斯出版社，1947年版）
中，仍然有一种朴素的魅力。

但它们无法与E. H.谢泼德（E. H. Shepard）为《小熊
维尼》（梅休因出版公司，1946年版）创作的那些古怪的草

图相匹敌。米尔恩（A. A. Milne）系列的魅力、神韵和忧郁仍然吸引着我，尤其是现在我有了自己的屹耳和跳跳虎。（尼科斯和索菲亚，谢谢你们的聆听。）所有这些儿童故事都有许多全新和二手的资源，而且通常有免费的数字图书。

柯南·道尔的故事也是如此。我的那本《福尔摩斯经典案例》（章鱼图书出版社，1986 年版）仍然有着烫金的书边和人造革封面。不过他的作品不乏各种廉价的版本。尽管这些侦探小说无法与现代犯罪故事中精妙的心理描写和法医的精确相媲美，但夏洛克·福尔摩斯仍然是一位非凡的英雄——由于他的特质和天赋。一百年来，有很多华生的形象：健壮、可靠、有点暴躁。

弗拉基米尔·纳博科夫的《说吧，记忆》（企鹅出版社，2000 年版）饱含对记忆、革命前的俄国、蝴蝶、流放等方面的思考，他用精湛的文笔塑造了鲜明的人物性格。

杰曼·格里尔（Germaine Greer）对文学饥饿的回忆来自《阅读的乐趣》（*The Pleasure of Reading*，布卢姆斯伯里出版社，1992 年版），由安东尼娅·弗雷泽编辑。

迈克尔·沙邦所著的《地图与传说》（*Maps and Legends*，麦克斯威尼出版社，2008 年版），包含一些对低俗书刊、漫画和身份的典型的深刻观察。我没有引用他精彩的《卡瓦利尔和克雷冒险记》（*The Amazing Adventures of Kavalier and Clay*，第四权出版社，2002 年版），这本书的故事发生在处于超级英雄的黄金时代的美国。但这促使我去了解他对流行文化的看法——我并没有失望。如果我赞同蝙蝠侠、幽灵骑士和绿灯侠让你微笑或者只是好奇，那就拿起沙邦的小说。

我对奥尔罕·帕慕克的初次接触始于《我的名字叫红》（*My Name is Red*，费伯书局，2011 年版），这是一个以奥斯曼土耳其为背景的惊心动魄的故事，经常从一些事物的角度叙述，比如一枚硬币、一棵树、一具尸体。《别样的色彩》（费伯书局，2007 年版）是他关于艺术、文学和生活的随笔。这部作品缺乏超现实主义色彩，但包括一些关于他的技巧和破碎世界的精彩讨论。

除了富有修养和智慧之外，伊迪丝·华顿是一位才华横溢的散文家。她的《回眸》（世纪出版社，1987 年版）展现了她对生活和时代的回顾，同时也提供了我能够如饥似渴阅读的片段。同一出版商出版了华顿的许多作品，而且都有现成的二手书。

我对卢梭的看法在《花园里的哲学》（*Philosophy in the Garden*，墨尔本大学出版社，2012 年版）中有所说明。一言以蔽之，他的《忏悔录》（企鹅出版集团，1953 年版）是对现代思想的永不过时的记录。

每期《巴黎评论》都刊登作家专访，从小说家、剧作家到传记作家都有。对所有对文学理性的起源感兴趣的人而言，这本期刊是每季的福利。对威廉·吉布森的采访发表在第 197 期（2011 年），在本书中提到的许多其他作者则在历史档案中出现。丹尼斯·纳克斯（Dennis Nurkse）的《学习阅读》（"Learning to Read"）摘自 213 期（2015 年）。如果觉得订阅太贵，比较好的公共图书馆一般都会有现刊和过刊。

我对让-保罗·萨特的哲学和人格持保留态度，这在《花园里的哲学》中有详细介绍。但是他在写作和阅读方面的著作很出色。《什么是文学？》（哲学图书馆，1949 年版）大胆地叙述了文学的两种自由，以同样明晰的笔触表达了他的观点。萨特的《词语》（Words，哈米什·汉密尔顿出版社，1964 年版）是一部深刻而引人注目的描写哲学家童年和成长的故事。和《恶心》（Nausea）一样，这也是萨特最擅长的，即使自己的想象小说化。

我妻子拥有西蒙娜·德·波伏瓦所著的平装版《闺中淑女》（企鹅出版集团，1972 年版），这是她的自传的第一卷。该书不太浮夸，但比《词语》更动人，这也是一幅战前法国的生动画卷。

赫伯特·马尔库塞对"假日现实"的论述源于《审美之维》（The Aesthetic Dimension，灯塔出版社，1978 年版）——仍然是对艺术自主性的有力捍卫，它的黑色、红色和焦橙色的原创封面仍然具有美学挑战性。

狄更斯的反思来自《大卫·科波菲尔》(*David Copperfield*)，这本书他在很大程度上借鉴了自己的童年。鉴于在一家旧书店里工作多年的经历，我甚至有些厌倦地说狄更斯的书无处不在，而且很便宜。

谢默斯·希尼的《书柜》出自他典型的暗示系列《电灯光》(*Electric Light*，Faber & Faber 出版社，2001 年版)。寻找霓虹浅橙色的封面。

关于诗歌逆转浮躁的世界的描述出自汉斯-格奥尔格·伽达默尔的《哲学与诗》("Philosophy and Poetry")，摘自罗伯特·贝尔纳斯科尼 (Robert Bernasconi) 编辑的《美的相关性》(*The Relevance of the Beautiful*，剑桥大学出版社，1996 年版)。

我对对象的看法在利瓦伊·R. 布赖恩特 (Levi R. Bryant) 的《对象的民主》(*The Democracy of Objects*，开放人文出版社，2011 年版) 中得到了呼应。布赖恩特代表了一部分日益增长的哲学趋势——通常被称为思辨实在论——它试图在人类意识之外的世界伸张正义，但没有陷入超自然主义或朴素实在论。

马塞尔·普鲁斯特的《论阅读》(纪念出版社，1971 年版) 是典型的普鲁斯特式著作——书籍是逝去往昔的宝库。至少在这个版本中，它也是一件漂亮物件——装饰着斑驳的祖母绿和深紫色的布面。

汉娜·阿伦特只是简要地探讨了文字，但《人的境况》（*The Human Condition*，道布尔戴公司，1959 年版）是对现代生活和自由丧失的经典分析。我以前的平装书用胶带粘起来了，不过芝加哥大学出版社（1998 年版）的修订版尚可用。

斯托帕德的妙语出自《阅读的乐趣》。

在痴呆和阅读方面的研究包括：《美国流行病学杂志》的第 155 卷，第十二期（2002 年）中王惠心（Hui-Xin Wang，音译）、安妮塔·卡普（Anita Karp）、本特·温布拉德（Bengt Winblad）和劳拉·弗拉特里奥尼（Laura Fratiglioni）的《晚年参与社会和休闲活动与降低痴呆风险有关》；《新英格兰医学杂志》的第三四八期（2003 年）中乔·韦尔盖塞（Joe Verghese）、理查德·B. 利普顿（Richard B. Lipton）、明迪·J. 卡茨（Mindy J. Katz）、查尔斯·B. 霍尔（Charles B. Hall）、卡罗尔·A. 德比（Carol A. Derby）、盖尔·库斯兰斯基（Gail Kuslansky）、安妮·安布罗谢（Anne Ambrose）、马丁·希利温斯基（Martin Sliwinski）和赫尔曼·布施克（Herman Buschke）的《休闲活动与老年人痴呆风险》；《痴呆及老年认识障碍》第 21 卷，第二期（2006 年）中安妮塔·卡普、斯特凡尼·派拉德-博格（Stéphanie Paillard-Borg）、王惠心、梅里尔·西尔弗斯坦（Merrill Silverstein）、本特·温布拉德和劳拉·弗拉特里奥尼的《休闲活动中的心理、身体和社会因素同样有助于降低痴呆风险》。最新的报告显示，不同类型的休闲活动——身体、社交和智力方面——综合运用比单独的效果更好。这个更谨慎的发现来自《BBA 疾病分子基础》第 1822 卷，第三期（2012 年）中的《休闲活动、认知与痴呆》。综观各种研究可得出研究需要更多的标准化和特异性。例如，没有详细规定"精神活动"（包括阅读）的种类、强度和持续时间。

我在《如何看待锻炼》（*How to Think About Exercise*，潘·麦克米伦出版社，2014 年版）一书中讨论了村上春树（Haruki Murakami）的优秀作品《当我谈跑步时，我谈些什么》（*What I Talk About When I Talk About Running*，Vintage 出版社，2009 年版）。

安妮·E. 坎宁汉和基思·E. 斯坦诺维奇的《读书对心灵的作用》载于《美国教育家》第 22 卷（1998 年）。关于大脑连接性的研究来自《小说对大脑连接性的短期和长期影响》，载于《大脑连接》，第 3 卷，第六期（2013 年）。作者是格雷戈里·S. 伯恩斯（Gregory S. Berns）、克里斯蒂娜·布莱恩（Kristina Blaine）、迈克尔·J. 普里图拉（Michael J. Prietula）和布兰登·E. 派伊（Brandon E. Pye）。这项研究的理论支持来自大卫·科默·基德（David Comer Kidd）和埃马努埃莱·卡斯塔诺（Emanuele Castano）的《阅读文学作品有助提升心理理论》，该篇载于《科学》杂志，第

342 卷，第六一五六期（2013 年）。后两项研究对阅读科学做出了极大的贡献，但大众媒体宣传的结论令人怀疑。

约翰·杜威的《艺术即经验》（明顿，鲍尔奇出版公司，1934 年版）呈现了一种艺术经验的理论，没有理想主义的幻想、天才的盲目崇拜或者晦涩的术语。我的精装本初版还不错，但新出的版本一般。

我的荷马的《伊利亚特》（弗里欧书社，1996 年版）是在二手书店里被称为"软糖豆"的那类书，装饰华丽，价格昂贵，有点浮夸。但是罗伯特·菲格尔斯精到的现代翻译非常出色。贝克·史密斯的质朴的插图增强了神话的即时感染力。企鹅出版社的平装本也有同样的译文。就押韵来说，亚历山大·蒲柏经典的 18 世纪译作《伊利亚特》仍被吟诵。

德博拉·利维关于敏锐心理的中篇小说《游泳回家》（Faber & Faber 出版社，2012 年版）占据了我不少时间，行文就像工业用钻石。

乔治·奥威尔的《让叶兰继续飘扬》（企鹅出版社，2010 年版）缺少《一九八四》那种精雕细琢和长远观点，但作为对文学作品中的讽刺和压抑的写照，它棒极了。

和《蝙蝠侠：第一年》（DC 漫画公司，2005 年版）一样，弗兰克·米勒的《蝙蝠侠：黑暗骑士归来》（DC 漫画公司，2002 年版）是一部索然无味但复杂的漫画小说，使

用了不同的文风和视觉风格来讲述蝙蝠侠的故事。虽然作
家斯科特·斯奈德和艺术家格雷格·卡普洛在最近的作品
中深挖了黑暗骑士主题，米勒的作品并没有失去原有的力
量。朗·马尔兹的《绿灯侠 #54》（1994 年版）是这个时代
的典型作品，将表面的残忍误认为心理现实主义。

　　我的《尼各马可伦理学》是由乔纳森·巴恩斯（Jonathan
Barnes）编辑的两卷本《亚里士多德全集》（*The Complete
Works of Aristotle*，普林斯顿大学出版社，1984 年版）的
一部分。亚里士多德关于"素性（hexis）"的论述也出现
在《论灵魂》（*On the Soul*）中。亚里士多德的所有文章
都能够买到新的和二手的材料，或者从公共领域下载。这
个版本有更仔细的翻译和注解。德国哲学家彼得·斯劳特
戴克（Peter Sloterdijk）在《你必须改变你的生活》（*You
Must Change Your Life*，政体出版社，2013 年版）一书的
《习惯与惰性》（*Habitus and Inertia*）一章中对"素性"进行
了简明扼要的讨论。

　　亚里士多德最优秀的现代译者之一是道德理论家、社
会主义者阿拉斯代尔·麦金太尔。《追寻美德》（达科沃
斯出版社，1984 年版）为当代伦理争论做出了巨大而必
要的贡献。麦金太尔的文章，包括关于伦理争论本身的性
质和价值的论文，都收录在剑桥大学出版社 2006 年出版
的《哲学、伦理与政治的任务》（*The Tasks of Philosophy*

and *Ethics and Politics*）中。他的《伦理学简史》（*A Short History of Ethics*，罗德里奇出版社，1998 年版）是一部简明扼要的道德思想史批判指南。他的《谁的正义？哪种理性？》（*Whose Justice? Which Rationality?*，圣母大学出版社，1989 年版）是一部关于公正的不同传统（和对立传统）的优秀指南。

和麦金太尔的思想一样，吉尔伯特·赖尔的思想也影响了几代英语地区的哲学家。他战后的著作《心的概念》（*The Concept of Mind*，企鹅出版社，1973 年版）仍然是对许多心理方面陈词滥调的必要修正。目前已由剑桥大学出版社重新发行。

蒂姆·帕克斯的《我从何处阅读》（*Where I'm Reading From*，哈维尔·赛克出版公司，2014 年版）以文章《作家的工作》（"The Writer's Job"）为特色，这是一系列关于文学技艺、阐释、批评和文学市场的清晰而颇具煽动性的文章的一部分。

弗兰纳里·奥康纳对文学、文化和宗教的思考集中在《神秘与礼仪》（*Mystery and Manners*，Faber & Faber 出版社，2001 年版）一书中，由萨利（Sally）和罗伯特·菲茨杰拉德（Robert Fitzgerald）编辑。

令人吃惊的"80%"的发现来自詹金斯集团的《大多数美国人想写一本书》（"Most Americans Think They Have

a Book in Them"，美通社，2002年版）。皮尤研究报告链接
如 下，http://www.pewinternet.org/2014/01/16/ a-snapshot-
of-reading-in-america-in-2013/。

马夏尔的悲叹出自他《讽刺小诗集》（*Epigrams*）卷
一"奇观"（Spectacles），第一——五册（哈佛大学出版社，
1994年版）中的第三本，由沙克尔顿·贝利博士编辑。尤
维纳利斯的《讽刺诗十六首》（*The Sixteen Satires*，企鹅出
版社，2004年版）是一部文学盛会，一个又一个生动的章
节使日常的罗马跃然纸上。（脚注有助于填补历史空白）讽
刺的是，作者本人一直在面纱之后：我们对尤维纳利斯的
生活知之甚少。还有更糟糕的遗产。"写作狂（cacoethes
scribend）"这个短语出自讽刺诗第七首。

在《艺术的原则》（*Principles of Art*，牛津大学出版社，
1938年版）中，R. G.科林伍德在反对技艺的同时为艺术做
了谨慎而同情的辩护。他强调艺术在促进情感真诚和理解
方面的作用。尽管这个理论很狭隘，但科林伍德的美学著
作在今天的讨论中仍然发挥着一定作用。

歌德和席勒有计划的作品的笔记《论业余爱好》（"On
Dilettantism"），摘自约翰·吉尔里（John Gearey）编辑的
《艺术与文学随笔》（*Essays on Art and Literature*，普林斯顿
大学出版社，1986年版）。

已故的神经学家奥利弗·萨克斯总是那么敏锐、仁爱

和充满好奇。《心灵之眼》（骑马斗牛士出版社，2011 年版）
也不例外。

阿尔维托·曼古埃尔的《阅读史》（企鹅出版社，1997
年版）既不是一部学术著作，也不是一本简单的回忆录，而
是学术、自传和文学批评的集合体。他对文字的热爱是公
认的。

马丁·海德格尔的《存在与时间》（巴兹尔·布莱克威
尔出版社，1989 年版）是 20 世纪最重要的哲学著作之一。
我在其他作品中也讨论过海德格尔的思想，包括《分心》
（*Distraction*，墨尔本大学出版社，2008 年版）。简而言之，
他对日常生活结构的分析是对关于人性的狭隘理性主义和
个人主义描述的有力回应。

米歇尔·福柯的《什么是作者？》（"What is an Author?"）
出自《美学、方法与认识论》（*Aesthetics, Method, and
Epistemology*，企鹅出版社，2000 年版）。由詹姆斯·D. 福
比昂（James D. Faubion）编辑，这是福柯重要著作的第二
卷。同一系列还包括一篇关于儒勒·凡尔纳的引人入胜的
文章《寓言背后》（"Behind the Fable"）。罗兰·巴特的话出
自他著名的文章《作者之死》（"The Death of the Author"），
由斯蒂芬·希斯（Stephen Heath）节选自《形象、音乐、文
本》（*Image, Music, Text*，希尔和王出版社，1978 年版）。

奥古斯丁的《论基督教教义》（牛津大学出版社，2008

年版）非常仔细和明确地尝试提供《圣经》的信息。

在这里，也顺便向德里达致敬，在我写这本书时，他的《论文字学》（约翰·霍普金斯大学出版社，1976 年版）一直萦绕在我的脑海里。并非由于我运用了他的写作理论，而是由于德里达本人是一个认真的解释者。是的，他是一个反传统的、晦涩难懂的人。但是阅读德里达就是观察阅读本身：谨慎，挑剔，但也是虔诚的。德里达真正关心的是文字，这一点是值得肯定的。这一条代替了我从早期草稿中剪下的关于德里达的简要思考。

文学评论家乔迪·威廉森的优雅措辞出自他在 2013 年 4 月《月刊》（The Monthly）上对克莱夫·詹姆斯的评价。

《批评批评的批评》（"Criticism of Criticism of Chritiicism"）载于 H. L. 门肯的《偏见》（Prejudices，Vintage 出版社，1958 年版）。这个题目很有意义。门肯是一个精英主义者、偏执者和反犹太主义者（尽管他敦促支持欧洲的犹太难民）。他同样也是一位杰出的批评家，一位骄傲的尼采主义者（他的精英主义是根深蒂固的）和一个强大的作家。他的文章中金句不断。他还提醒那些闷闷不乐的读者不时地窃笑一下——哪怕只是冲着自己。"哈哈一笑胜过万句格言。它不仅更有效，而且非常明智。"

无限的图书馆

博尔赫斯是一位才能无限的微型图画画家。第一次与他的故事邂逅就是一个启示。《巴别图书馆》同其他博尔赫斯的著名故事一起收录在《迷宫》（*Labyrinths*，企鹅出版社，1970 年版）中，由唐纳德·A. 耶茨（Donald A. Yates）和詹姆斯·E. 厄比（James E. Irby）编辑。博尔赫斯的散文和其他非小说作品收录在《终极图书馆》（*The Total Library*，可参见企鹅出版社，2001 年版），由艾略特·温伯格（Eliot Weinberger）编辑。对重读的引述选自《豪尔赫·路易斯·博尔赫斯：对话》（*Jorge Luis Borges: Conversations*，密西西比大学出版社，1998 年版），理查德·伯金编辑。博尔赫斯有关艾米莉·狄金森的选择发生在与阿拉斯泰尔·里德和约翰·科尔曼的谈话中，见于由威利斯·巴恩斯通（Willis Barnstone）编辑的《八十岁的博尔赫斯》（*Borges at Eighty*，新方向出版社，2013 年版）。巴恩斯通本人是一位才华横溢的诗人兼翻译家，慷慨大方，富有魅力。

埃德温·威廉森的《博尔赫斯：一种生活》（*Borges: A Life*，维京出版社，2004 年版）详细描述了这位作家的家庭、文化和生平。詹姆斯·伍德尔的《博尔赫斯：一种生活》（Basic Books 出版社，2004 年版）则更简单，更通俗。两人都用惊人的篇幅猜测博尔赫斯的感情生活。詹森·威尔逊的《豪尔赫·路易斯·博尔赫斯》（*Jorge Luis Borges*，

Reaktion Books，2006 年版）是一部更为简明扼要的文学传记。它揭示了作者的阿根廷文化背景，但较少进行浪漫的猜测。曼古埃尔的回忆出自《阅读史》。

休谟的《人性论》可谓最重要的英语哲学著作。当然，休谟的影响是经久不衰和普遍广泛的。我的版本（登特出版社，1949 年版）是两本口袋书，不过休谟的作品可以广泛和廉价地获得。翻译一般没问题。我在《如何看待锻炼》中简要讨论了休谟的思想。

小说家约翰·厄普代克的评论文章读起来一向是一种乐趣，无论是关于博尔赫斯还是其他方面。《作为图书管理员的作家》出自《拾遗》（*Picked-Up Pieces*，安德烈·多伊奇出版社，1975 年版）。诗人兼批评家克莱夫·詹姆斯也是如此。他对博尔赫斯的反思在《文化失忆》（*Cultural Amnesia*，骑马斗牛士出版社，2012 年版）中有所体现。安伯托·艾柯的《拉曼查和巴别之间》（"Between La Mancha and Babel"）收录在《论文学》（*On literature*，Vintage Books 出版社，2006 年版）。

路德维希·维特根斯坦并没有使事情更简单，他因是一个蒙昧主义者或混淆视听者而受到抨击。但我总是抵触《哲学研究》（巴兹尔·布莱克威尔出版社，1956 年版）的思想。他的观察和提问会使人们认为理所当然的语言和概念突然变得怪异起来。不是因为他向我提供了一个对立的理论，而是因为他驱使我反思。

海德格尔的《形而上学导论》（耶鲁大学出版社，1997年版）常常是挑衅性的，有时甚至是令人抓狂的。作为对海德格尔的思想与狂热的研究，它是一部令人着迷的著作。海德格尔还在《四次研讨会》（*Four Seminars*，印第安纳大学出版社，2003年版）与《什么是哲学？》（Vision出版社，1956年版）中讨论了前苏格拉底学派。其中第二个是对哲学惊讶的简短而有力的颂扬。《我的现象学之路》（"My Way to Phenomenology"）包含了海德格尔的一些自传性思考，收录在曼弗雷德·史塔生（Manfred Stassen）编辑的《哲学和政治著作》（*Philosophical and Political Writings*，Continuum出版社，2003年版）中。假装不是田园诗的田园诗——《为什么我们留在小地方？》（"Why Do I Stay in the Provinces?"），收录在同一卷中。

《前苏格拉底哲人》（*The Presocratic Philosophers*，剑桥大学出版社，1983年版），由柯克（G. S. Kirk）、拉文（J. E. Raven）和斯科菲尔德（M. Schofield）编辑，包含了希腊文和英文的主要前苏格拉底文本，以及有价值的评论。

理查德·沃林的《存在的政治》（*The Politics of Being*，哥伦比亚大学出版社，1990年版）是对海德格尔政治思想的细致分析。海德格尔对康德解释的评论出自伯恩德·马格纳斯（Bernd Magnus）撰写的《尼采关于永恒轮回的哲学》

（*Nietzsche's Philosophy of the Eternal Recurrence of the Same*，加州大学出版社，1997 年版）的前言。"秘密国王（secret king）"是汉娜·阿伦特在《致马丁·海德格尔的八十岁生日》（"For Martin Heidegger's Eightieth Birthday"）中的描述，出自云特·内斯克和埃米尔·凯特林主编的《海德格尔与国家社会主义》（*Martin Heidegger and National Socialism*，Vintage 出版社，1990 年版）。在由汤姆·洛克莫尔（Tom Rockmore）和约瑟夫·马戈利斯（Joseph Margolis）编辑的《海德格尔案例》（*The Heidegger Case*，坦普尔大学出版社，1992 年版）的《论哲学在政治上的无能》（"The Political Incompetence of Philosophy"）中，伽达默尔反思了海德格尔的政治失败。

扎迪·史密斯的关于写作（和阅读）的经典佳作收录在《改变我的想法》（*Changing My Mind*，企鹅出版社，2009 年版）中。

米哈伊尔·巴赫金在《演讲类型及其他近期论文》（*Speech Genres and Other Late Essays*，得克萨斯大学出版社，1986 年版）中提及了小说流派，该书由卡里尔·爱默生和迈克尔·霍尔奎斯特编辑。爱默生还编辑了巴赫金的《陀思妥耶夫斯基诗学问题》（*Problems of Dostoyevsky's Poetics*，曼彻斯特大学出版社，1984 年版），这是对俄国小说家和小说本身的精辟分析。

皮埃尔·布尔迪厄的作品突出了哲学飞跃下的社会背景。《帕斯卡的沉思》（*Pascalian Meditations*，政体出版社，2000 年版）也不例外。

《蝙蝠侠：家庭之死》（DC 漫画，2011 年版），最初在 1988 年至 1989 年分四期发表，是现代超级英雄史上的一个关键点。这不仅仅是因为它给蝙蝠侠的心理增加了新的创伤，还因为由粉丝们投票决定罗宾——杰森·托德是否活下去。（他们选得很好。）作家吉姆·斯大林（Jim Starlin）提供了一个扣人心弦的故事，吉姆·阿帕罗（Jim Aparo）的铅笔在战斗和悲伤之间轻快移动。阿德里安娜·罗伊（Adrienne Roy）的色彩（在被电脑合成色彩技术取代之前）特别鲜明。哲学家斯拉沃热·齐泽克（Slavoj Žižek）在《天堂里的麻烦》（*Trouble in Paradise*，企鹅出版社，2014 年版）中敏锐地描写了克里斯托弗·诺兰（Christopher Nolan）的蝙蝠侠电影。

在白金汉宫很无聊

艾伦·贝内特的《非普通读者》（Faber & Faber 出版社，2007 年版）是一部低调而杰出的中篇小说。阶层、英国风、遗憾、爱情和文学的解放力量——贝内特的书中糅合了大量的背景信息。贝内特对这些主题的更多思考见

《未被讲述的故事》（*Untold Stories*，Faber & Faber 出版社，2005 年版）。

《分心》的读者能够感受到我对亨利·詹姆斯和威廉·詹姆斯的敬意——不论是单独还是作为一个整体。小说家和哲学家是一对脾气暴躁却又富于暗示性的组合。他们的大部分著名作品都能够免费获取，亨利的长篇小说和短篇小说的平装本至今仍在经典书架上销售。我的《金碗》（博德利·黑德出版社，1971 年版）来自十一卷的合集，由詹姆斯的传记作家利昂·埃德尔（Leon Edel）作序。但我的妻子露丝（Ruth）最近得到了一套精致的两卷本《金碗》（麦克米伦出版社，1923 年版）的二手书：字体更清晰，卷本更轻，封面和书脊用美观的蓝色气球布装订，饰有新派艺术图案。这大概就是重读的邀请吧。我的《一位女士的画像》（牛津大学出版社，1958 年版）是八开本的（十分便携），格雷厄姆·格林（Graham Greene）为之写了精彩的前言。《亨利·詹姆斯故事全集》（*The Complete Tales of Henry James*）由利昂·埃德尔（Leon Edel）编辑，花了我半周的租金。这在几年后看来仍然是奢侈的。威廉·詹姆斯的《心理学简编》（圣母大学出版社，1985 年版）简单易读，至今仍极具启发性。

了解柏拉图有助于理解西方文明，但也可以读来消遣。这个雅典人极具哲学深度和艺术天赋——连他的对话都可以成为文学名著。我的《理想国》出自伊迪丝·汉密尔顿（Edith Hamilton）和亨廷顿·凯恩斯（Huntington Cairns）编辑的《对话集》（*The Collected Dialogues*，普林斯顿大学出版社，1961年版）。不过这本书有各种译本，包括平装本、精装本（比如漂亮的洛布双语本）和数字档案。和柏拉图相比，阿奎那似乎是单调乏味的。但是他的《神学大全》是精辟的，而且常常是智慧的——它是关于教义的，但不是教条主义的。我的版本是本齐格兄弟出版社1948年出版的五卷本的电子版。对阿奎那的所有引用都来自这些资料。奥古斯丁的《论耐心》（"On Patience"）摘自《尼西亚和尼西亚后的圣父：第一辑》（*Nicene and Post-Nicene Fathers: First Series*，科西莫出版社，2007年版）第三卷，由菲利普·沙夫（Philip Schaff）编辑。

《论修辞学的发明》是西塞罗年轻时撰写的演说手册。他在关于修辞的一般性讨论中谈到了美德。出自《论修辞学的发明、论雄辩种类、题旨》（*De Inventione, De Optimo Genere Oratorum, Topica*）（威廉·海涅曼出版公司，1976年版），二十八卷双语版。

对我来说，但丁的《天堂篇》（*Paradiso*，铁锚图书，2007年版）是《神曲》中最不动人的作品。但我被它欢跃的陌生感深深吸引，但丁上升到了几何和道德高度。这一版由罗伯特（Robert）和让·霍兰德（Jean Hollander）翻译，对开页上有意大利语原文——这至少给了我一些关于原版诗歌韵律的提示。我还有一本是牛津大学出版社 1951 年版的袖珍版（1951 年），这一版的翻译更为陈旧，但押韵不那么古板。

赫尔曼·梅尔维尔的《白鲸》（企鹅出版社，1978 年版）是最杰出的英文小说之一。礼仪、狂热、海洋生物学、海洋知识、道德哲学，以及文学本身——这部巨著涵盖了诸多内容，包括一部扣人心弦的复仇故事和令人难忘的性格研究。

由杰夫·琼斯（Geoff Johns）创作，安迪·库伯特（Andy Kubert）绘图的《闪点》（DC 漫画公司，2011 年），并不算是一部伟大的美国小说。但它对一个千疮百孔的托马斯·韦恩（布鲁斯的父亲）的刻画是极好的，结局中布鲁斯的沉默时刻也非常完美。

迪莉娅·法尔科纳的评论出自德布拉·阿德莱德（Debra Adelaide）编辑的《简单的阅读行为》（*The Simple Act of Reading*，Vintage 出版社，2015 年版）一书中的《窗口的素材意向：作为作者的阅读》。

丹·布朗的《达·芬奇密码》（环球出版社，2009 年版）并不像广告中所承诺的那样，是一部"几乎和时间一样古老的探索"。但它确实使我注意到了时光的流逝。

伊夫林·沃的詹姆斯式的愉悦时刻摘自迈克尔·戴维

（Michael Davie）编辑的《伊夫林·沃日记》（企鹅出版社，1984年版）。它在众多批评中脱颖而出。

《卫报》2010年4月24日刊登了彼得·波特的《随意年龄歧视诗》。这是卡罗尔·安·杜菲（Carol Ann Duffy）委托制作的老龄化问题丛书的一部分。

未完成的忍者

《复仇者！》（伯克利图书公司，1988年版）是马克·史密斯（Mark Smith）和杰米·汤姆森（Jamie Thomson）合著的六卷本的一部分，最初由奈特图书公司1985年在英国出版。尝试某特定技能"可能会导致未经培训的用户严重受伤或死亡"，这个免责声明是一个即时的建议。鲍勃·哈维的英文封面很出众，我很后悔把这套书卖了。

《结尾的意义》（牛津大学出版社，2000年版）被认为是现代经典。弗兰克·科莫德是最优秀的英语文学批评家之一。他的博学和才气与清晰的文风相得益彰。他还知道如何处理一个即兴的笑话："普鲁斯特的作品从来不会重复，因为读者每一次阅读都会跳过不同的段落。"摘自《心灵碎片》（*Pieces of My Mind*，法勒-斯特劳斯＆吉鲁出版，2003年版）中的《遗忘》（"Forgetting"）。

怀特海的《思维方式》（麦克米伦出版社，1958年版）

是对科学和哲学中精确性、确定性和停滞性与模糊性、怀疑性和动态性之间的张力的典型的简明描述。怀特海同样揭示了重要的重要性：事实是并非所有的事实都重要。

艾伦·摩尔的《守望者》(DC 漫画公司，2014 年版)，由戴夫·吉本斯 (Dave Gibbons) 绘图，是一部精湛的漫画小说。它呈现了一个激动人心的超级英雄故事，同时也突出了这一类型的矫揉造作的风格。它还包含了细致的人物刻画和对现实政治的消极反思：也许扼杀诚实（字面和比喻）是和平的代价。

《理想的追求》摘自亨利·哈代 (Henry Hardy) 和罗杰·豪斯赫尔 (Roger Hausheer) 编辑的《人类研究》(*The Proper Study of Mankind*，皮姆利科出版社，1998 年版)。伯林是现代自由主义最清晰、最有魅力的代言人之一。

关于伪丢尼修的信息寥寥无几，尽管他的《论神圣的名字和神秘神学》(*On the Divine Names and the Mysterical Theology*，亚马逊公司，2010 年版) 确定无疑是新柏拉图主义的，而且大约出自 5 世纪。虽然伪丢尼修的作品比海德格尔早了一千五百年，但他的论著的基调有时并不像传统神学那样，反而更像德国哲学家后期的作品：拒绝形而上学的确定性。（不过狄奥尼西的风格摇摆不定）。

我在《花园里的哲学》一书中写到了亚历山大·蒲柏这位诗人的幽默、魅力，以及对英国文化（包括简·奥斯汀）的巨大影响。他的机智妙语出自《诗选集》（*Collected Poems*，登特出版社，1969 年版）中的《论批评》（"An Essay on Criticism"）。蒲龄恩的《月亮诗》收录在《诗集》（*Poems*，血斧出版社，2015年版）中。罗伯特·波兹（Robert Potts）在 2004 年 4 月 10 日的《卫报》中报道了他对作者身份的评论。

弗吉尼亚的丈夫伦纳德·伍尔夫是一位难得的坦率而有胆量的作家。《播种》（霍加斯出版社，1961 年版）是五卷本自传的一部分，对其所处的时代、生活、婚姻和事业做了独特的叙述。

《恶灵骑士5》（1990年版），由霍华德·麦凯（Howard Mackie）创作，马克·特谢拉（Mark Texeira）绘画，书中充满了焦虑。虽然它比我意识到的（或希望的）更微妙，但它仍然深受 20 世纪 90 年代无节制的毒害：过分简单化的暴力、刻板的行文和特点。小说插图倒是生动鲜活。

我在《分心》中讨论了 T. S. 艾略特的生平和世界观，特别是宗教、劳动和诗歌之间的关系。艾略特是节俭和纪律的典范，这些特质对十几岁的我很陌生，但现在有了很大的意义。《普鲁弗洛克的情歌》在纸质藏本和线上随处可见。文中的诗摘自《诗选集：1909—1962》（*Collected Poems：1909—1962*，Faber & Faber 出版社，1970 年版）。

我十几岁时读过克莱夫·巴克的一堆小说，包括《编织世界》（哈珀柯林斯出版社，1987 年版）。我陶醉于其中的节奏和意象，却将情节抛之脑后。

A. S. 拜厄特的《静止的生活》（Vintage 出版社，1995年版）是典型的抒情和野蛮兼具。我的阅读在书中年轻的母亲死后就搁置了——那时正值我妻子重病。我会读完的。

夏洛特·伍德的《动物人》（艾伦和恩温出版社，2011年版）描绘了一个男人萎靡不振所造成的平庸和滑稽。伍德如实还原了现代悉尼的氛围，也准确刻画了人类爱情的脆弱。

知道了萨特的文笔是有多好，那么《存在与虚无》（哲学文库，1956 年版）会是一个巨大的失望——文章简直是垃圾。但是萨特对自由的捍卫，无论多么虚伪纯洁，都是震撼人心的。他的反思文章通常都很出色。

福音谎言

卡赞扎基斯的书信出自《尼科斯·卡赞扎基斯：一部基于其书信的传记》（*Nikos Kazantzakis: A Biography Based on His Letters*，布鲁诺·卡西尔出版社，1968 年版），由他的妻子埃莱妮（Eleni）编辑。这不是一本传统传记，但它确实生动地描绘了作者的个性和风格。《基督的最后诱惑》（布鲁诺·卡西尔出版社，1960 年版）仍然是一幅复杂而感人的基督肖像。我手头的是初版，封面醒目，画有一只被钉在十字架上的手，由沃尔特·里奇（Walter Ritchie）绘制。不过西蒙和舒斯特（Simon & Schuster）的平装本价格实惠且排版精良。

刘易斯·欧文斯（Lewis Owens）关于剑桥大学罗恩·威廉斯（Rowan Williams）的采访，相关链接为 https://www.youtube.com/watch?v=Iz3JtpMMUxc。关于卡赞扎基斯的作品在家乡引起的冲突，请参阅迈克尔·安东尼克（Michael Antonakes）的《基督、卡赞扎基斯和希腊的争议》（"Christ, Kazantzakis, and Controversy in Greece"），该文章载于《上帝的挣扎者》（*God's Struggler*，梅瑟大学出版社，1996 年版），由达伦·米德尔顿和彼得·比恩编辑。关于他与希腊正统的关系，参见德米特里奥斯·J.康斯坦特洛斯（Demetrios J. Constantelos）的《尼科斯·卡赞扎基斯：正统还是异端？》（"Nikos Kazantzakis: Orthodox or Heterodox?"），文章收录在同一个作品集中。

安提阿的依纳爵对谦虚的叙述出自他的信件，摘自《早期基督教著作：使徒教父》（*Early Christian Writings: The Apostolic Fathers*，企鹅出版社，1987 年版），安德鲁·洛思（Andrew Louth）编辑。

拿起布莱士·帕斯卡的《思想录》（企鹅出版社，1968 年版）就像进入第二宇宙，其特点是同样强烈的空虚和优雅。理智很少会以如此卓越的残暴来反抗自己。唐纳德·亚当森（Donald Adamson）的《布莱士·帕斯卡》（*Blaise Pasca*，圣马丁出版社，1995 年版）对帕斯卡的作品进行了细致的分析，巧妙地结合了他的宗教和科学工作。约翰·R. 科尔（John R. Cole）的《帕斯卡：一个男人和他的两个爱人》（*Pascal: The Man and His Two Loves*，纽约大学出版社，1995 年版）中关于《思想录》的章节对帕斯卡的心理做了细致的分析。詹姆斯·A. 康纳（James A. Connor）的《帕斯卡的赌注》（*Pascal's Wager*，哈珀·柯林斯出版社，2009 年版）是一部更轻松（又有些仓促）的传记。

由吕迪格·比特纳（Rüdiger Bittner）编辑的弗里德里希·尼采后期的笔记（剑桥大学出版社，2003 年版）是尼采研究者必不可少的资料。它们还充满了讽刺、揭露和对欧洲理想的争议性贬低。总之，还是令人大开眼界的。

怀特海的《观念的冒险》（剑桥大学出版社，1933 年版）既是一部西方文明的历史，又是一部关于文明是什么、文明需要什么的争论。"事实并不仅仅是它本身"出自他的《思维方式》。怀特海的《大学及其功能》来自《教育目的》（*The Aims of Education*，自由出版社，1967 年版）。他主张在研究与教学、讲师与学生之间，以及教师之间建立互惠关系——这是一种强调好奇心和想象力的教育愿景，同时又不放弃精确、严谨的反思。换句话说，不是整个英语世界正在发生的事情：管理烦恼、职业唯我论，以及大学逐步沦为高价低质的证书工厂。《教育和自我教育》（"Education and Self-Education"）出自《科学与哲学》（*Science ane Philosophy*，利特尔菲尔德、亚当斯公司，1964 年版）。

迈克尔·穆考克的《魔法和疯狂的浪漫》（*Wizardry and Wild Romance*，维克多·高兰兹出版社，1987 年版）涉及了托尔金（Tolkien）。蒂姆·帕克斯建议在 2014 年 12 月 3 日《纽约书评》的《读者的武器》（"Weapons For Readers"）中做笔记。

伊塔洛·卡尔维诺是一位具有挑衅性（有时有些淘气）的小说家，同时也是一位迷人的文学学者。他对经典的评论出自《为什么读经典？》（"Why Read the Classics?"），摘自《文学的作用》（*The Uses of Literature*，哈考特-布雷斯出版公司，1986 年版）。

在我的书架上有一些关于亚里士多德、柏拉图、希腊戏剧和人类敏感性的优秀研究作品——由像麦金太尔、艾丽丝·默多克、皮埃尔·维达尔-纳杰（Pierre Vidal-Naquet）和约翰·格雷（John Gray）这样的思想家所著。玛莎·纳斯鲍姆的《善的脆弱性》（剑桥大学出版社，1989 年版）则将所有这些领域结合在一起，是一部杰出的学术、思想和散文著作。

我妻子的波伏瓦的《第二性》（企鹅出版社，1972 年

版）抄本正在散架，但许多想法很好地结合在一起。作为
对社会力量自然化的警告，它意味深长且大胆。

彼得·比恩对卡赞扎基斯和妇女的评论摘自他一丝不
苟的《卡赞扎基斯：精神的政治》（*Kazantzakis: Politics of
the Spirit*，普林斯顿大学出版社，2007 年版）的附录。

分心的欲望

安迪·曼格尔斯（Andy Mangels）和迈克尔·A. 马
丁（Michael A. Martin）的《红王》（口袋书出版社，2005
年版）让我忙得不可开交。大卫·麦克（David Mack）的
《命运》（*Destiny*，口袋书出版社，2012 年版）也是如此。
但是麦克的三卷本的传奇故事在讲述的广度和心理细节方
面要更有野心。

至于在形式或内容上承担更深刻风险的经典科幻小说，
不妨尝试一下约翰·布伦纳的《站立桑给巴尔》（*Stand on
Zanzibar*，Arrow Books 出版社，1971 年版）或布赖恩·奥
尔迪斯的《暗黑光年》（新英语文库出版社，1971 年版）。
两者都很容易找到二手资源。

艾丽丝·默多克的《善对其他概念的主权》收录于
《利益的主权》（*The Soverity of Good*，罗德里奇出版社，
2007 年版）。《作为道德指南的形而上学》由企鹅出版社于

1993 年出版。默多克的一些柏拉图式的同情是与众不同的，但我总是受到她的论点挑战和启发。

A. J. 艾耶尔的逻辑实证主义也是如此。他的《语言、真理与逻辑》（企鹅出版社，2001 年版）是令人振奋的，本·罗杰斯（Ben Rogers）在最新版本中做了简介。

弗吉尼亚·伍尔夫的《达洛维夫人》（牛津大学出版社，2001 年版）是我最喜欢的小说之一。它改变了我对文学、理智和社交的看法。而文章本身也是振聋发聩的。

菲利普·拉金的《老傻瓜》见于《高窗》（*High Windows*，费伯书局，1974 年版）。

我的《诺桑觉寺》（收藏家图书馆出版社，2004 年版）是一套六卷的小本精装书的一部分，里面还有休·汤姆森（Hugh Thomson）的可爱画作。版本有很多。凯瑟琳·莫兰德（Catherine Morland）的故事是我最不喜欢的奥斯汀小说。《诺桑觉寺》讽刺了特定的文学风格和个性，缺乏《傲慢与偏见》（*Pride and Prejudice*）的神韵，也缺乏《曼斯菲尔德庄园》和《劝导》（*Persuasion*）的伦理观和微妙心理。

F. 司各特·菲茨杰拉德的《崩溃》收录在同名选集（企鹅出版社，1974 年版）中。

叔本华的《论阅读和书籍》同他的《作为意志和表象的世界》（登特出版社，2002 年版）一样，可以找到免费的电子版，也可以收集到许多新的和二手的纸质版。我的收藏来自《叔本华文集》（*Complete Essays of Schopenhauer*，皇冠出版社，1932 年版），其中也包含《论自我思考》。这个版本的目录页不太好看而且没有索引——一个可搜索的数字版本或许更有用。吕迪格尔·萨弗兰斯基的《叔本华与哲学的狂野时光》（*Schopenhauer and the Wild Years of Philosophy*，韦登菲尔德和尼科尔森出版社，1989 年版）是一部敏锐又典雅的哲学著作。

　　尼采的大部分著作都有企鹅出版社的版本，但剑桥大学出版社（1995 年版）的《人性的，太人性的》包括记录了格言、观点和《漫游者和他的影子》的第二卷。我的《快乐的科学》是考夫曼的 Vintage 出版社 1974 年版。霍林代尔的《尼采：其人及其思想哲学》（*Nietzsche: The Man and His Philosophy*，劳特利奇与基根保罗出版社，1965 年版）是对这位哲学家的生活和思想的介绍。在《尼采的阅读与私人图书馆，1885—1889》（"Nietzsche's Reading and Private Library，1885—1889"）中，托马斯·布罗比耶论述了尼采的藏书与习惯，并对这一研究的重要性进行了令人信服的论证。文章摘自《思想史杂志》（*Journal of the History of Ideas*）第 58 卷，第四期（1997 年）。我在《花园里的哲学》中讨论了尼采的"Gedankenbaum"。

　　罗伯托·卡拉索是个多面手：意大利出版商，同时也是文人，掌握多国语言的神话学家和文学学者。他的《热情》（企鹅出版社，2015 年版）是对古代印度仪式、宇宙学、伦理学和哲学的精彩分析，展示了类比思维。

不，我说不，我不会

前面，我赞扬了弗吉尼亚·伍尔夫的《达洛维夫人》。现在是赞美她的散文、书信和日记的时候了，这些作品总是令人着迷。如果我不得不在她的小说和非小说之间做出选择，我可能会倾向于后者（而且经常如此）。

弗吉尼亚·伍尔夫的"圣水"出自《老布卢姆斯伯里》（"Old Bloomsbury"），收录在《一个布卢姆斯伯里派[①]的读者》（*A Bloomsbury Group Reader*，布莱克威尔出版社，1993 年版），由罗森鲍姆（S. P. Rosenbaum）编辑。提及《时尚》（*Vogue*）的日记条目出自《弗吉尼亚·伍尔夫的日记》（企鹅出版社，1983 年版）的第三卷 1926 年 5 月 6 日这一天的日记，由安妮·奥利弗·贝尔（Anne Oliver Bell）编辑。关于乔伊斯的"反胃的本科生（queasy undergraduate）"的描述出自《弗吉尼亚·伍尔夫的日记》（企鹅出版社，1981）第二卷，1922 年 8 月 16 日这篇，同样由贝尔编辑。《现代小说》《如何去读一本书？》《图书馆里的时光》《斜

---

① 布卢姆斯伯里派是 20 世纪初以英国伦敦布卢姆斯伯里地区为活动中心的文人团体。——编者注

塔》和《论小说的重读》出自弗吉尼亚·伍尔夫《散文集：卷二》（查图与温都斯书局，1972 年版），由伦纳德·伍尔夫编辑。给罗杰·弗莱的信是出自《弗吉尼亚·伍尔夫的书信》（乔万诺维奇出版社，1972 年版）中第二卷1922 年 10 月 3 日所写的信，由奈杰尔·尼科尔森（Nigel Nicolson）和乔安妮·特劳特曼（Joanne Trautmann）编辑。《贝内特先生和布朗夫人》收录于弗吉尼亚·伍尔夫的《散文集：卷一》（Collected Essays: I，查图与温都斯书局，1966 年版），同样由她的丈夫编辑。伍尔夫对麦卡锡的抗议记载于 1941 年 2 月 2 日，出自奈杰尔·尼科尔森和乔安妮·特劳特曼编辑的《弗吉尼亚·伍尔夫的书信》（乔万诺维奇出版社，1980 年版）第六卷。

伦纳德·伍尔夫的《重新开始》（霍加斯出版社，1964 年版）是他精彩的回忆录的第三卷。赫尔迈厄尼·李的《弗吉尼亚·伍尔夫》（查图与温都斯出版社，1993 年版）是对伍尔夫生活的充分描述。有一章专门剖析伍尔夫的阅读。另见詹姆斯·金的《弗吉尼亚·伍尔夫》（企鹅出版社，1995 年版），是关于伍尔夫的作品和生活之间关系的。

伍尔夫对仆人的抱怨摘自 1918 年 1 月 29 日的书信，可见于《弗吉尼亚·伍尔夫的书信》第二卷。她关于下层阶级的偏执问题出自《弗吉尼亚·伍尔夫的书信》（乔万诺维奇出版社，1977 年版）第一卷 1918 年 8 月 14 日所写的信，由奈杰尔·尼科尔森和乔安妮·特劳特曼编辑。她承认得到支持出自《弗吉尼亚·伍尔夫的书信》第二卷的1922年9月7日这一天的书信。她承认前一天"草率对待"了美德。

伍尔夫的"死猫"评论出自《弗吉尼亚·伍尔夫的日记》（企鹅出版社，1985年版）第五卷的1936年11月3日，由贝尔编辑。同一卷载有1941年1月15日伍尔夫关于乔伊斯的最后回忆。

我的那本詹姆斯·乔伊斯的《尤利西斯》（鲍利海出版公司，1960年版）是一本小而厚的布伦瑞克绿色精装版——和我父亲的一模一样（我第一次借用的就是他的版本）。T. S. 艾略特对乔伊斯的看法由伍尔夫描述出来载于《弗吉尼亚·伍尔夫的日记》第2卷的1922年9月26日这篇日记。

斯图尔特·李喜剧例子，https://www.youtube.com/watch?v=QQsknEsgz7s。

洛夫克拉夫特的故事被收集在《克苏鲁的呼唤及其他故事》（*The Call of Cthulhu and Other Weird Stories*，企鹅出版社，1999年版）中，由乔希（S. T. Joshi）编辑。洛夫克拉夫特的种族主义言论在L. 斯普拉格·德·坎普（L. Sprague de Camp）的《洛夫克拉夫特：传记》（*Lovecraft: A Biography*，阿歇特出版公司，2011年版）中有详细描述。

《洛夫克拉夫特：对抗世界，对抗生命》（*H. P. Lovecraft: Against the World, Against Life*，韦登菲尔德与尼科尔森出版社，2006 年版）是小说家米歇尔·维勒贝克对洛夫克拉夫特的成就所做的简短而生动的辩护。

我的老旧平装本艾瑞克·范·勒斯贝德的《忍者》在大学时期就不在了。我最近用一个非常便宜的数字版本取代了它，数字版由宙斯之首出版社在 2014 年出版。第一篇《纽约时报》的相关评论由杰克·沙利文（Jack Sullivan）于 1983 年 4 月 10 日发表。第二篇由彼得·安德鲁斯（Peter Andrews）撰写，于 1981 年 6 月 7 日发表。勒斯贝德关于风格的评论来自他的个人网站。

杂物间

《杂物间》摘自《萨基短篇故事集》（*The Collected Short Stories of Saki*，华兹华斯出版社，1999 年版），赫克托·休·芒罗（Hector Hugh Munro）著（萨基是他的笔名）。文章很多都是免费的数字版。尽管萨基对 P. G. 沃德豪斯和 A. A. 米尔恩等作家产生过重要影响，但如今他的作品却很少被人阅读。他对孩童和动物的耐心，以及拒绝忍受成年人的伪善，从未过时。

致　谢

感谢英国斯克里布出版社（Scribe UK）的菲利普·戈温-琼斯（Philip Gwyn-Jones）对我的支持和热心，感谢莫莉·斯莱特（Molly Slight）和萨拉·布雷布鲁克（Sarah Braybrooke）充满艺术的演说。同样感谢设计师艾莉森·科尔博尔（Allison Colpoys）设计出如此精美的封面。感谢我在墨尔本大学出版社（MUP）的责任编辑莎莉·希思（Sally Heath），她的热情付出、对语气的敏锐和对文章的谨慎。

感谢我在时代精神传媒的经纪人沙伦·加兰特（Sharon Galant）和本尼森·奥尔德菲尔德（Benython Oldfield），感谢他们再次支持我的工作。

感谢下列作者的知无不言：威利斯·巴恩斯通（Willis Barnstone）、詹姆斯·布拉德利（James Bradley）、迪莉娅·法尔科纳（Delia Falconer）、罗伯特·德赛克斯（Robert Dessaix）、丽贝卡·吉格斯（Rebecca Giggs）、马特·兰姆（Matt Lamb）、黛安·塞特菲尔德（Diane Setterfield）和乔迪·威廉森（Geordie Williamson）。艾莉森·克罗格恩（Alison Croggon）、梅利莎·哈里森（Melissa Harrison）、戴维·勒贝多夫（David Lebedoff）和杰勒德·伍德（Gerard Wood）进行了初稿审阅。谢谢大家。

迈克尔·安东尼科（Michael Antonakes）在彼得·比恩的帮助下，好心地把他关于卡赞扎基斯争议的论文发了过来。

感谢我的父母阿拉娜（Allana）和戴维（David）引领我步入文学殿堂。露丝·奎贝尔（Ruth Quibell）是我在阅读、写作，以及其他事务方面的搭档。这双人项目，感谢你陪我一起完成。